Anonymous

Register zu den Jahrgängen 1846-1885 der Berichte über die Verhandlungen

und zu den Bänden I XII der Abhandlungen der mathematischphysischen Classe der Königlich sächsischen Gesellschaft der Wissenschaften zu Leipzig

Anonymous

Register zu den Jahrgängen 1846-1885 der Berichte über die Verhandlungen
und zu den Bänden IXII der Abhandlungen der mathematischphysischen Classe der
Königlich sächsischen Gesellschaft der Wissenschaften zu Leipzig

ISBN/EAN: 9783743626362

Hergestellt in Europa, USA, Kanada, Australien, Japan

Cover: Foto ©ninafisch / pixelio.de

Weitere Bücher finden Sie auf **www.hansebooks.com**

REGISTER

ZU DEN

JAHRGÄNGEN 1846—1885

DER

BERICHTE ÜBER DIE VERHANDLUNGEN

UND ZU DEN

BÄNDEN I—XII

DER

ABHANDLUNGEN

DER

MATHEMATISCH-PHYSISCHEN CLASSE

DER KÖNIGLICH SÄCHSISCHEN

GESELLSCHAFT DER WISSENSCHAFTEN

ZU LEIPZIG.

LEIPZIG 1889.
BEI S. HIRZEL.

REGISTER

ZU DEN

JAHRGÄNGEN 1846—1885

DER

BERICHTE ÜBER DIE VERHANDLUNGEN

UND ZU DEN

BÄNDEN I—XII

DER

ABHANDLUNGEN

DER

MATHEMATISCH-PHYSISCHEN CLASSE

DER KÖNIGLICH SÄCHSISCHEN

GESELLSCHAFT DER WISSENSCHAFTEN

ZU LEIPZIG.

LEIPZIG 1889.
BEI S. HIRZEL.

I. Autorenregister.

Afonassiew, N. Welcher Bestandtheil des Erstickungsblutes vermag den diffundirbaren Sauerstoff zu binden? Ber. 1872. p. 253—262.

Ambronn, H. Zur Mechanik des Windens. Th. I. Ber. 1884. p. 136—184. Th. II. M. 6 Hlzschn. 1885. p. 132—180.

Arrest, Heinrich d'. Beobachtungen und Bahnelemente des von Graham entdeckten neuen Planeten. Ber. 1848. p. 113—116.

—— Mittheilungen über den zweiten Cometen von 1849 und den neu entdeckten Planeten Hygiea. Ber. 1849. p. 121—126.

—— Neue Verbesserung der Elemente der Hygiea-Bahn. Ber. 1850. p. 1—9.

—— Ueber den gegenwärtigen Cometen 1850. I. Ber. 1850. p. 49—53.

—— Ueber den 11. Hauptplaneten Parthenope. Ber. 1850. p. 53—56.

—— Ueber die totale in Syrien beobachtete Sonnenfinsterniss im Jahre 812 n. Chr. Ber. 1850. p. 63—70.

—— Bestimmung der Declination im magnetischen Observatorium zu Leipzig. Ber. 1850. p. 100—105.

—— Nachricht von der Entdeckung und den ersten Beobachtungen des Planeten Victoria, des Cometen von Bond und des 13. Hauptplaneten (Egeria). Ber. 1850. p. 105—108.

—— Ueber die Gruppirung der periodischen Cometen. Ber. 1851. p. 31—38.

—— Bericht über die Beobachtung der totalen Sonnenfinsterniss zu Königsberg in Preussen am 28. Juli 1851. M. 1 Tfl. Ber. 1851. p. 86—98.

—— Sphärische Sätze. Ber. 1852. p. 34—41.

—— Ueber einige neue Eigenschaften der loxodromischen Linie. Ber. 1853. p. 50—58.

—— Zur Theorie der sphärischen Parabel. Ber. 1853. p. 58—62.

—— Ueber die ungleiche Wärmevertheilung auf der Sonne. Ber. 1853. p. 79—100.

—— Ueber die Bahn der Bruhns'schen Cometen von 1853. Ber. 1853. p. 191—196.

—— Beitrag zur Methode der kleinsten Quadrate. Ber. 1854. p. 133—136.

—— Resultate aus Beobachtungen der Nebelflecken und Sternhaufen. Erste Reihe. Abh. Bd. III. (1856). p. 293—378.

Asp, G. Beobachtungen über Gefässnerven. M. 1 Hlzschn. Ber. 1867. p. 135—189.

—— Zur Anatomie und Physiologie der Leber. M. 3 Hlzschn. u. 1 Tfl. Ber. 1873. p. 470—505.

Baltzer, Heinrich Richard. Ueber einen Satz Leibnizens von den Sectoren der Kegelschnitte. M. 1 Hlzschn. Ber. 1855. p. 62—65.
—— Historische Bemerkungen (zur Mathematik). M. 1 Hlzschn. Ber. 1865. p. 1—6.
—— Ableitung der Gauss'schen Formel für die Flächenkrümmung. Ber. 1866. p. 1—6.
—— Ueber Newton's Auflösung der numerischen Gleichungen. Ber. 1866. p. 358—361.
—— Ueber die Hypothese der Parallelentheorie. Ber. 1870. p. 95—96.
—— Ueber den Ausdruck des Tetraeders durch die Coordinaten der Eckpunkte. Ber. 1870. p. 97—98.
—— Mathematische Bemerkungen. M. 1 Hlzschn. Ber. 1873. p. 523—537.
—— Eine Erinnerung an Möbius und seinen Freund Weiske. M. 5 Hlzschn. Ber. 1885. p. 1—6.
Basaroff, Alex. v. Ueber directe Verwandlung des kohlensauren Ammoniaks in Harnstoff. Ber. 1868. p. 97—98.
Basch, von. Ueber den Einfluss des gereizten n. splanchnicus auf den Blutstrom innerhalb und ausserhalb seines Verbreitungsbezirkes. M. 1 Hlzschn. Ber. 1875. p. 373—421.
Baxt, W. Die Reizung der Hautnerven durch verdünnte Schwefelsäure. M. 1 Tfl. u. 1 Hlzschn. Ber. 1871. p. 309—328.
—— Ueber die Stellung des n. vagus zum n. accelerans cordis. M. 9 Tfln. 1875. p. 323—372.
Bechterew, W. von. Untersuchungen über die Schleifenschicht. Ber. 1885. p. 241—244.
Bernstein, N. O. Zur Physiologie der Bauchspeichelabsonderung. M. 2 Hlzschn. Ber. 1869. p. 96—131.
—— Der Austausch an Gasen zwischen arteriellem und venösem Blute. M. 1 Tfl. Ber. 1870. p. 124—129.
Biedermann, P. Ueber Multiplicatorgleichungen höherer Stufe. Ber. 1885. p. 201—221.
Börnstein, R. Ueber das Verhältniss des temporären Magnetismus zur magnetisirenden Kraft u. seine Beziehungen zur Wechselwirkung der Metalltheilchen. Ber. 1874. p. 93—111.
Bowditch, H. P. Ueber die Eigenthümlichkeiten der Reizbarkeit, welche die Muskelfasern des Herzens zeigen. M. 22 Hlzschn. Ber. 1871. p. 652—689.
—— Ueber die Interferenz des retardirenden und beschleunigenden Herznerven. M. 1 Tfl. u. 4 Hlzschn. Ber. 1873. p. 195—216.
Braune, Wilhelm. Ueber einen Saug- und Druckapparat an den Fascien des Oberschenkels des Menschen, durch welchen das Blut bei Bewegungen des Oberschenkels in den in die Bauchhöhle übergehenden Stamm der Schenkelvene gehoben und nach der Vena cava inferior zu fortbewegt wird. Ber. 1870. p. 261—263.
—— Ueber die Intercostalvenen des menschlichen Körpers. Ber. 1883. p. 76—84.
—— u. Stahel, Hans. Ueber das Verhältniss der Lungen, als zu ventilirender Lufträume zu den Bronchien als luftzuleitenden Röhren. M. 1 Hlzschn. Ber. 1885. p. 326—332.

Bruhns, Carl. Beobachtung der totalen Sonnenfinsterniss am 18. Juli 1860 in Tarazona in Spanien. M. 1 Tfl. Ber. 1860. p. 214—232.
—— Einige Notizen über Kepler. Ber. 1872. p. 30—43.
—— Mittheilung über die Ermittelung der Coordinaten der Pleissenburg und verschiedener Thürme in Bezug auf die Leipziger Sternwarte, und über die Construction eines Basisapparates. Ber. 1872. p. 352—369.
—— Ueber die von L. R. Schulze abgeleiteten Elemente des Cometen I 1830. Ber. 1872. p. 370.
—— und Weiss, E. Bestimmung der Längendifferenz zwischen Leipzig und Wien. Abh. Bd. X. (1872). p. 203—270.
—— Ueber zwei Tafeln mit Zeichnungen von Mars und dem Zodiakallicht von Weinek. Ber. 1878. p. 14—15.
—— Ueber die Mondfinsterniss im Jahre 33 n. Christi Geb. am 3. April. Ber. 1878. p. 98—100.
—— Neue Bestimmung der Längendifferenz zwischen der Sternwarte in Leipzig und der neuen Sternwarte auf der Türkenschanze in Wien. Abh. Bd. XII. (1880). p. 281—362.
Bruns, Heinrich. Ueber die Rotation eines starren Körpers. Ber. 1885. p. 55—59.
Budge, Albrecht. Neue Mittheilungen über die Lymphgefässe der Leber. M. 1 Tfl. Ber. 1875. p. 161—171.
Carus, Carl Gustav. Ueber einen seltenen und merkwürdigen Fall einer krankhaften Verbildung mehrerer Suturen des Schädels. M. 1 Tfl. Ber. 1848. p. 116—122.
—— Ueber Schlossenbildung. Ein Beitrag zur Meteorologie. M. 1 Tfl. Ber. 1852. p. 133—142.
—— Ueber die sogenannten Aztekenkinder. M. 1 Tfl. Ber. 1856. p. 11—19.
—— Seltener Fall eines angeborenen doppelten Wolfsrachens, am Schädel eines erwachsenen Individuum. M. 1 Tfl. Ber. 1857. p. 121—128.
Coats, J. Wie ändern sich durch die Erregung der n. vagus die Arbeit und die inneren Reize des Herzens? M. 1 Tfl. u. 10 Hlzschn. Ber. 1869. p. 360—394.
Credner, Herm. Ueber die Ursachen der Dimorphie des kohlensauren Kalkes. Ber. 1870. p. 99—102.
—— Die obere Zechsteinformation im Königreich Sachsen. Ber. 1885. p. 189—200.
Cyon, E. Ueber den Einfluss der hinteren Nervenwurzeln des Rückenmarkes auf die Erregbarkeit der vorderen. M. 1 Hlzschn. Ber. 1865. p. 83—92.
—— Ueber den Einfluss der Temperaturänderungen auf Zahl, Dauer und Stärke der Herzschläge. M. 1 Tfl. u. 8 Hlzschn. Ber. 1866. p. 256—306.
—— und Ludwig, C. Die Reflexe eines der sensiblen Nerven auf die motorischen der Blutgefässe. Mit 1 Tfl. Ber. 1866. p. 307—323.
—— Ueber die Wurzeln, durch welche das Rückenmark die Gefässnerven für die Vorderpfote aussendet. M. 2 Tfln. Ber. 1868. p. 73—88.
—— Ueber die Nerven des Peritoneum. M. 1 Tfl. Ber. 1863. p. 119—127.

Dircks und Knop. Versuche über die Vertretung des Chlors (als Pflanzennährstoff) durch Brom und Jod. Ber. 1869. p. 20—24.

Dittmar, C. Ein neuer Beweis für die Reizbarkeit der centripetalen Fasern des Rückenmarks. Ber. 1870. p. 18—48.

—— Ueber die Lage des sogenannten Gefässcentrums in der Medulla oblongata. M. 10 Hlzschn. Ber. 1873. p. 449—469.

Dogiel, J. und Schweigger-Seidel, F. Ueber die Peritonealhöhle bei Fröschen und ihren Zusammenhang mit dem Lymphgefässsystem. M. 1 Tfl. Ber. 1866. p. 247—255.

—— Die Ausmessung der strömenden Blutvolumina. M. 2 Hlzschn. Ber. 1867. p. 200—275.

—— und Ludwig, C. Ein neuer Versuch über den ersten Herzton. M. 1 Hlzschn. Ber. 1868. p. 89—96.

Drechsel, E. Ueber die Reduction der Kohlensäure zu Oxalsäure. Ber. 1868. p. 6—7.

—— Ueber die Oxydation von Glycocoll, Leucin und Tyrosin sowie über das Vorkommen von Carbaminsäure im Blute. Ber. 1875. p. 172—183.

Drobisch, Moritz Wilhelm. Rede zur Eröffnungsfeier am 1. Juli 1846. p. 27—44.

—— Ueber die von Hermann Grassmann gelöste Preisaufgabe der Fürstlich Jablonowskischen Gesellschaft. Ber. 1846. p. 44—48.

—— Ueber die Begründung eines Gesetzes zur Bestimmung des scheinbaren Alters des Menschen aus äusseren Merkmalen und den gesetzlichen Zusammenhang des scheinbaren Alters mit dem wirklichen. Ber. 1846. p. 105—115.

—— Ueber die Theorie der Schuldentilgung. Ber. 1848. p. 1—12.

—— Anrede in der öffentlichen Sitzung vom 18. Mai 1848. Ber. 1848. p. 87—90.

—— Ueber die geometrische Construction der imaginären Grössen. Ber. 1848. p. 171—179.

—— Ueber eine Aufgabe Schoolen's. Ber. 1851. p. 124—129.

—— Ueber die Wellenlängen und Oscillationszahlen der farbigen Strahlen im Spectrum. Ber. 1852. p. 57—73.

—— Zusätze zum Florentiner Problem. M. 1 Tfl. Abh. Bd. I. (1852). p. 431—482.

—— Ueber musikalische Tonbestimmung und Temperatur. Abh. Bd. II. (1852). p. 1—120.

—— Ueber den Begriff des Stetigen und seine Beziehungen zum Calcul. Ber. 1853. p. 155—176.

—— Neue Zusätze zum Florentiner Problem. M. 1 Tfl. Ber. 1854. p. 14—53.

—— Ueber die Bestimmung der Gestalt des scheinbaren Himmelsgewölbes. M. 4 Hlzschn. Ber. 1854. p. 107—127.

—— Nachträge zur Theorie der musikalischen Tonverhältnisse. Abh. Bd. III. (1855). p. 1—40.

—— Ueber die reellen Wurzeln dreigliedriger algebraischer Gleichungen von beliebigem Grade. M. 4 Hlzschn. Ber. 1856. p. 21—38.

Droblsch, Moritz Wilhelm. Ueber die im fünften Buch der Conica des Apollonius behandelte Aufgabe. Ber. 1856. p. 103—118.
— Einige Bemerkungen über Fusspunktslinien, insbes. die der Kegelschnitte. Ber. 1857. p. 49—66.
— Einfachere Ableitung der früher mitgetheilten Sätze über die reellen Wurzeln der dreigliedrigen algebraischen Gleichungen. Ber. 1858. p. 82—90.
— Ueber die mittleren Radien der Linien, Flächen und Körper. Ber. 1858. p. 124—164.
— Neue Ableitung der Grundformeln von Fechner's Psychophysik. Ber. 1861. p. 20—26.
— Ueber ein mechanisches Problem. Ber. 1866. p. 7—32.
— Ueber Mittelgrössen und die Anwendbarkeit derselben auf die Berechnung des Steigens und Sinkens des Geldwerthes. Ber. 1871. p. 25—48.
— Einige elementare Bemerkungen über den Raum von drei Dimensionen. Ber. 1876. p. 268—274.
— Ueber reine Stimmung und Temperatur der Töne. Ber. 1877. p. 1—67.
— Ueber die nach der Wahrscheinlichkeitsrechnung zu erwartende Dauer der Ehen. Ber. 1880. p. 1—21.
— Bericht über die bei der diesjährigen Revision der Leipziger Universitäts-Wittwen- und Waisencasse angewandten Rechnungsmethoden. Ber. 1882. p. 51—84.
Dworzak, Hugo und Knop, W. Chemisch-physiologische Untersuchungen über die Ernährung der Pflanze. Ber. 1875. p. 29—80.
Dybkowsky, V. J. Ueber Aufsaugung und Absonderung der Pleurawand. M. 1 Tfl. Ber. 1866. p. 194—218.
Dyck, Walther. Vorläufige Mittheilungen über die durch Gruppen linearer Transformationen gegebenen regulären Gebietseintheilungen des Raumes. M. 1 Tfl. Ber. 1883. p. 61—75.
— Beiträge zur Analysis situs. Erste Mittheilung. Mit 1 Tfl. Ber. 1885. p. 314—325.
Emminghaus, H. Ueber die Abhängigkeit der Lymphabsonderung vom Blutstrom. M. 2 Tfln. u. 1 Hzschn. Ber. 1873. p. 396—448.
Encke, J. F. Rechtfertigung der Berechnung der Florastörungen in Beziehung auf eine Mittheilung von P. A. Hansen. Ber. 1855. p. 66—70.
Engel, F. Ueber lineare partielle Differentialgleichungen zweiter Ordnung. Ber. 1882. p. 39—50.
— Ueber die Abel'schen Relationen für die Theilwerthe der elliptischen Functionen. Ber. 1884. p. 32—51.
Erdmann, Otto Linné. Ueber Samenaschen und deren Analyse. Ber. 1846. p. 83—90.
— und Marchand. Ueber die Mellithsäure (Honigsteinsäure). Ber. 1848. p. 15—26.
— Ueber eine merkwürdige Structurveränderung bleihaltigen Zinnes. Ber. 1851. p. 5—8.
— Mittheilung über Wagner's Untersuchung der Moringerbsäure und ihrer Zersetzungsproducte. Ber. 1851. p. 8—14.
— Ueber die Pyromellithsäure. Ber. 1851. p. 14—18.

Erdmann, Otto Linné. Ueber die Zähigkeit des Lebens der Tradescantia zebrina. Ber. 1851. p. 18—19.
—— und Mittenzwey. Resultate einiger Untersuchungen über die Wirkungsweise der Beizmittel, namentlich des Alauns, beim Färben der Baumwolle. Ber. 1859. p. 99—108.

Fechner, Gustav Theodor. Ueber die mathematische Behandlung organischer Gestalten und Processe. Ber. 1849. p. 50—64.
—— Ueber das Causalgesetz. Ber. 1849. p. 98—120.
—— Ueber den Gang der Muskelübung. M. 1 Tfl. Ber. 1857. p. 113—123.
—— Beobachtungen, welche zu beweisen scheinen, dass durch die Uebung der Glieder der einen Seite die der andern zugleich mit geübt werden. Mit 1 Tfl. Ber. 1858. p. 70—76.
—— Ueber ein wichtiges psychophysisches Grundgesetz u. dessen Beziehung zur Schätzung der Sterngrössen. Abh. Bd. IV. (1858). p. 455—532. Nachtrag. Ber. 1859. p. 58—86.
—— Ueber die Contrastempfindung. Ber. 1860. p. 71—145.
—— Einige Bemerkungen gegen die Abhandlung Osann's »Ueber Ergänzungsfarben« in der Würzburger naturwiss. Zeitschr. Bd. 1. p. 61 ff. Ber. 1860. p. 146—165.
—— Ueber die ungleiche Deutlichkeit des Gehörs auf linkem und rechtem Ohre. Ber. 1860. p. 166—174.
—— Ueber einige Verhältnisse des binocularen Sehens. Abh. Bd. V. (1860). p. 337—564.
—— Ueber den seitlichen Fenster- und Kerzenversuch. Ber. 1861. p. 27—56.
—— Ueber die Correctionen bezüglich der Genauigkeitsbestimmung der Beobachtungen, der Bestimmung der Schwankungen meteorologischer Einzelwerthe um ihren Mittelwerth, und der psychophysischen Maassbestimmungen nach der Methode der mittleren Fehler. Ber. 1861. p. 57—113.
—— Ueber die Frage des psychophysischen Grundgesetzes mit Rücksicht auf Aubert's Versuche. Ber. 1864. p. 1—20.
—— Zur experimentalen Aesthetik. Erster Theil. Abh. Bd. IX (1871). p. 553—635.
—— Ueber den Ausgangswerth der kleinsten Abweichungssumme, dessen Bestimmung, Verwendung und Verallgemeinerung. Abh. Bd. XI. (1874). p. 1—76.

Feddersen, W. Ueber elektrische Wellenbewegung. Ber. 1859. p. 171—174.
—— Die oscillatorische elektrische Entladung und ihre Grenze. Ber. 1861. p. 13—19.
—— Ueber eine eigenthümliche Stromtheilung bei Entladung der Leidner Batterie. Ber. 1861. p. 114—119.
—— Ueber die Theorie der Stromverzweigung bei der oscillatorischen elektrischen Entladung und die »aequivalente Länge« des Herrn Director Knochenhauer. Ber. 1866. p. 231—245.

Fischer, Alfred. Studien über die Siebröhren der Dicotylenblätter. M. 2 Tfln. Ber. 1885. p. 245—290.

Fischer, Otto. Note über conforme Abbildung gewisser sphärischer Dreiecke durch algebraische Functionen. Ber. 1884. p. 17—31.

Fleischl, E. Von der Lymphe und den Lymphgefässen der Leber. M. 1 Tfl. Ber. 1874. p. 42—55.

Frey, M. von und Wiedemann, E. Ueber die Verwendung der Holtz-schen Maschine zu physiologischen Reizversuchen. M. 1 Hzschn. Ber. 1883. p. 181—188.

Fuchs, Fr. Versuch zur Bestimmung der Gesammtspannung und des Verlaufs der Spannung am freien Ende der abgeleiteten secundären Rolle. Ber. 1874. p. 56—92.

Funke, Otto. Beiträge zur Kenntniss der Wirkung des Urari und einiger anderer Gifte. Ber. 1859. p. 1—29.

—— Ueber die Reaction der Nervensubstanz. Ber. 1859. p. 161—170.

—— Beitrag zur Lehre von der Muskelreizbarkeit. Ber. 1859. p. 237—263.

—— Ueber photographische Vervielfältigung der Myographioncurven. Ber. 1860. p. 65—67.

Genersich, Anton. Die Aufnahme der Lymphe durch die Sehnen und Fascien der Skeletmuskeln. Ber. 1870. p. 142—184.

Gerlach, L. Ueber die Bestimmung der Minerale des Blutserums durch directe Fällung. Ber. 1872. p. 349—351.

—— Ueber den Auerbach'schen Plexus myentericus. M. 2 Tfln. Ber. 1873. p. 1—10.

Gerlich,.. und Lehmann, K. G. Ueber die Verdaulichkeit der Cellulose und des Chitins sowie über deren etwaigen Werth für die Ernährung gewisser Thiere. Ber. 1862. p. 35—50.

Giannuzzi, G. Von den Folgen des beschleunigten Blutstroms für die Absonderung des Speichels. M. 1 Tfl. Ber. 1865. p. 68—84.

Gierster, Joseph. Ueber die Galois'sche Gruppe der Modulargleichungen für den Transformationsgrad q^n. Ber. 1885. p. 294—304.

Grassmann, H. E. Zur Theorie der reciproken Radien. Ber. 1877. p. 133—134.

Grübler, G. Ueber die krystallisirenden Bestandtheile des Lungensaftes. Ber. 1875. p. 131—148.

Hafiz, Mohammed Effendi. Ueber die motorischen Nerven der Arterien, welche innerhalb der quergestreiften Muskeln verlaufen. M. 1 Hzschn. Ber. 1870. p. 213—232.

Hammarsten, O. Ueber die Gase der Hundelymphe. Ber. 1871. p. 617—634.

Hankel, Hermann. Ueber die Transformation von Reihen in Kettenbrüche. Ber. 1862. p. 17—22.

Hankel, Wilhelm Gottlieb. Ueber die Construction eines Elektrometers. Ber. 1850. p. 71—77.

—— Messungen über die Grösse der Kraft, welche zwischen einer elektrischen Spirale und einem in ihrer Axe befindlichen Eisenkerne in der Richtung dieser Axe wirkt. Ber. 1850. p. 78—100.

—— Messungen der Abstossungen des krystallisirten Wismuths durch die Pole eines Magnets mittelst der Drehwage. Ber. 1851. p. 99—118.

—— Ueber das vermeintliche Leitungsvermögen der Marekanite für Elektricität. Ber. 1851. p. 118—123.

Hankel, Wilhelm Gottlieb. Ueber die Messung der atmosphärischen Elektricität. Ber. 1852. p. 74—78.
— Ueber die Messung der atmosphärischen Elektricität nach absolutem Maasse. M. 2 Tfln. Abh. Bd. III (1856). p. 579—600. [Elektrische Untersuchungen. Erste Abhandlung].
— Ueber farbige Reflexion des Lichtes von mattgeschliffenen Flächen bei und nach dem Eintritte einer spiegelnden Zurückwerfung. Ber. 1856. p. 163—166.
— Ueber die thermoelektrischen Eigenschaften des Boracites. Abh. Bd. IV. (1857). p. 149—252. [Elektrische Untersuchungen. Zweite Abhandlung.]
— Ueber Elektricitätserregung zwischen Metallen und erhitzten Salzen. Ber. 1857. p. 187—190. Abh. Bd. IV. (1858). p. 253—304. [Elektrische Untersuchungen. Dritte Abhandlung.]
— Ueber das Verhalten der Weingeistflamme in elektrischer Beziehung. Ber. 1859. p. 30—35. Abh. Bd. V. (1859). p. 1—80. [Elektrische Untersuchungen. Vierte Abhandlung.]
— Maassbestimmungen der elektromotorischen Kräfte. Erster Theil. Ber. 1861. p. 1—5. Abh. Bd. VI. (1861). p. 1—52. [Elektrische Untersuchungen. Fünfte Abhandlung.]
— Notiz über phosphorisches Leuchten des Fleisches. Ber. 1861. p. 5—12.
— Ueber die von G. Meissner an der Oberfläche des menschlichen Körpers beobachteten elektrischen Erscheinungen. Ber. 1862. p. 56—63.
— Messungen über die Absorption der chemischen Strahlen des Sonnenlichtes. Abh. Bd. VI. (1862). p. 53—90.
— Maassbestimmungen der elektromotorischen Kräfte. Zweiter Theil. Ber. 1864. p. 32—43. Abh. Bd. VII. (1865). p. 585—693. [Elektrische Untersuchungen. Sechste Abhandlung.]
— Neue Theorie der elektrischen Erscheinungen. M. 4 Hlzschn. Ber. 1865. p. 7—30.
— Ueber die Durchbohrung des Stanniols durch den Entladungsschlag der elektrischen Batterie. Ber. 1865. p. 93—116.
— Ueber einen Apparat zur Messung sehr kleiner Zeiträume. M. 3 Hlzschn. Ber. 1866. p. 46—74.
— Ueber die thermoelektrischen Eigenschaften des Bergkrystalles. Ber. 1866. p. 75—84. Abh. Bd. VIII. (1866). p. 321—392. [Elektrische Untersuchungen. Siebente Abhandlung. M. 2 Tfln].
— Neue Theorie der elektrischen Erscheinungen (Fortsetzung). M. 6 Hlzschn. Ber. 1866. p. 219—230.
— Ueber die thermoelektrischen Eigenschaften des Topases. M. 4 Tfln. Abh. Bd. IX. (1870). p. 337—454. [Elektrische Untersuchungen. Achte Abhandlung.]
— Ueber die Absorption des Lichtes in den eigenen Flammen. Ber. 1871. p. 307—308.
— Ueber die thermoelektrischen Eigenschaften des Schwerspathes. M. 4 Tfln. Abh. Bd. X. (1872). p. 271—342. [Elektrische Untersuchungen. Neunte Abhandlung.]

Hankel, Wilhelm Gottlieb. Ueber die thermoelektrischen Eigenschaften des Aragonites nebst einer Uebersicht über die Lehre von der Thermoelektricität der Krystalle. M. 3 Tfln. Abh. Bd. X. (1872). p. 343—416. [Elektrische Untersuchungen. Zehnte Abhandlung.]

—— Ueber die thermoelektrischen Eigenschaften des Kalkspathes, des Berylles, des Idocrases (Vesuvianes), und des Apophyllites. Ber. 1874. p. 465—472. Abh. Bd. XI. (1875). p. 201—274. [Elektrische Untersuchungen. Elfte Abhandlung. M. 3 Tfln.]

—— Ueber die thermoelektrischen Eigenschaften des Gypses, des Diopsids, des Orthoklases, des Albits und des Periklins. Ber. 1875. p. 181—188. Abh. Bd. XI. (1875). p. 477—539. [Elektrische Untersuchungen. Zwölfte Abhandlung. M. 4 Tfln.]

—— Ueber das magnetische Verhalten des Nickels und des Kobaltes. M. 1 Hlzschn. Ber. 1875. p. 189—198.

—— Ueber das elektrische Verhalten der in Wasser oder Salzlösungen getauchten Metalle bei Bestrahlung durch Sonnen- oder Lampenlicht. Ber. 1875. p. 299—321.

—— Notiz über einen Wechsel in der Richtung des Polarisationsstromes nach Durchleitung von abwechselnd entgegengesetzt gerichteten galvanischen Strömen. Ber. 1875. p. 321—322.

—— Ueber das Crookes'sche Radiometer. Ber. 1877. p. 67—70.

—— Ueber die Photoelektricität des Flussspathes. M. 1 Tfl. Ber. 1877. p. 71—85.

—— Ueber die thermoelektrischen Eigenschaften des Apatits, Brucits, Coelestins, Prehnits, Natroliths, Skolezits, Datoliths und Axinits. Ber. 1878. p. 33—39. Abh. Bd. XII. (1878). p. 1—53. [Elektrische Untersuchungen. Dreizehnte Abhandlung. M. 3 Tfln.]

—— Ueber eine eigenthümliche Funkenentladung am sogenannten negativen Pole eines Inductionsapparates. Ber. 1878. p. 91—98.

—— Ueber die photo- und thermoelektrischen Eigenschaften des Flussspathes. Ber. 1879. p. 45—53. Abh. Bd. XII. (1879). p. 201—279. [Elektrische Untersuchungen. Vierzehnte Abhandlung. M. 3 Tfln.]

—— Ueber eine directe Umwandlung der Schwingungen der strahlenden Wärme in Elektricität. Ber. 1880. p. 65—75.

—— Ueber die Entwickelung polarer Elektricität in hemimorphen Krystallen durch Aenderung des Druckes in der Richtung der unsymmetrisch ausgebildeten Axen. Ber. 1880. p. 144—149.

—— Ueber die aktino- und piezoelektrischen Eigenschaften des Bergkrystalles und ihre Beziehung zu den thermoelektrischen. Ber. 1881. p. 52—63. Abh. Bd. XII. (1881). p. 457—548. [Elektrische Untersuchungen. Fünfzehnte Abhandlung. M. 4 Tfln.]

—— Ueber die thermoelektrischen Eigenschaften des Helvins, Mellits, Pyromorphits, Mimetesits, Phenakits, Pennins, Dioptases, Strontianits, Witherits, Cerussits, Euklases und Titanits. Ber. 1881. p. 64—71. Abh. Bd. XII. (1882) p. 549—396. [Elektrische Untersuchungen. Sechszehnte Abhandlung. M. 3 Tfln.]

—— Neue Beobachtungen über die Thermo- und Aktinoelektricität des Bergkrystalles, als Erwiederung auf einen Aufsatz von C. Friedel und J. Curie. Ber. 1883. p. 35—58.

Hankel, Wilhelm Gottlieb. Ueber die bei einigen Gasentwicklungen auftretenden Elektricitäten. Ber. 1883. p. 123—137. Abh. Bd. XII. (1883). p. 597—659. [Elektrische Untersuchungen. Siebzehnte Abhandlung.]

Hansen, Peter Andreas. Ueber eine allgemeine Auflösung eines beliebigen Systems von linearischen Gleichungen. Ber. 1847. p. 333—339. Abh. Bd. I (1849). p. 83—122.

—— Ueber die Entwickelung der Wurzelgrösse $(1 - 2\alpha H + \alpha^2)^{\frac{1}{2}}$ nach den Potenzen von α. Ber. 1847. p. 339—344. Abh. Bd. I (1849) p. 123—130.

—— Ueber die Knotenbewegung des Mondes. Ber. 1847. p. 342—346.

—— Ueber ein neues Coordinatensystem. M. 1 Hlzschn. Ber. 1851. p. 39—54.

—— Neue directe Auflösung des Kepler'schen Problems. Ber. 1852. p. 55—56.

—— Ueber die Entwickelung des Products einer Potenz des Radius Vectors mit dem Sinus oder Cosinus eines Vielfachen der wahren Anomalie in Reihen, die nach den Sinussen oder Cosinussen der Vielfachen der wahren, excentrischen oder mittleren Anomalie fortschreiten. Ber. 1853. p. 1—14. Abh. Bd. II (1853). p. 181—291. Nachtrag. Ber. 1866. p. 124—131.

—— Ueber die Entwickelung der negativen und ungraden Potenzen der Quadratwurzel der Function $r^2 + r'^2 - 2rr'(\cos U \cos U' + \sin U \sin U' \cos J)$. Ber. 1853. p. 63—78. Abh. Bd. II. (1854). p. 283—376.

—— Die Theorie des Aequatoreals. Abh. Bd. II. (1855). p. 131—304.

—— Ueber die Störungen der Egeria und der Flora. Ber. 1855. p. 44—51.

—— Beantwortung von J. F. Encke's »Rechtfertigung der Berechnung der Florastörung«. Ber. 1855. p. 71—79.

—— Auseinandersetzung einer zweckmässigen Methode zur Berechnung der absoluten Störungen der kleinen Planeten. Vorwort. Ber. 1855. p. 53—55. Erste Abhandlung. Abh. Bd. III. (1856). p. 41—218. Einleitende Bemerkungen zur zweiten Abhandlung. Ber. 1857. p. 1—4. Zweite Abhandlung. Abh. Bd. IV. (1857). p. 1—148. Einleitende Bemerkungen über die dritte Abhandlung. Ber. 1859. p. 36—57. Dritte Abhandlung. Abh. Bd. V. (1859). p. 81—335.

—— Zusatz zu den Sonnentafeln von P. A. Hansen und C. F. R. Olufsen. Ber. 1857. p. 5—10.

—— Ecliptische Tafeln für die Conjunctionen des Mondes und der Sonne, nebst Angabe einer wesentlichen Abkürzung der Berechnung einer Sonnenfinsterniss. Ber. 1857. p. 75—112.

—— Theorie der Sonnenfinsternisse und verwandten Erscheinungen. M. 2 Tfln. Abh. Bd. IV. (1858). p. 303—454.

—— Ueber die Einrichtung der neuen herzoglichen Sternwarte zu Gotha. Ber. 1859. p. 241—256.

—— Einige Bemerkungen über die Saecularänderung der mittleren Länge des Mondes. Ber. 1863. p. 1—9.

Hansen, Peter Andreas. Ueber die Bestimmung der Bahn eines Himmelskörpers aus drei Beobachtungen. Ber. 1863. p. 82—142.
—— Analyse der ecliptischen Tafeln. Ber. 1863. p. 143—174.
—— Darlegung der theoretischen Berechnung der in den Mondtafeln angewandten Störungen. I. Abh. Bd. VI (1862). p. 91—498. II. Abh. Bd. VII. (1864). p. 1—399.
—— Relationen einestheils zwischen Summen und Differenzen und andernteils zwischen Integralen und Differentialen. Abh. Bd. VII. (1865). p. 505—583.
—— Geodätische Untersuchungen. Abh. Bd. VIII (1865). p. 1—224. Nachtrag. Ber. 1866. p. 132—154.
—— Bestimmung des Längenunterschiedes zwischen den Sternwarten zu Gotha und Leipzig, unter seiner Mitwirkung ausgeführt von Auwers und Bruhns im April 1865. M. 1 Tfl. Abh. Bd. VIII. (1866). p. 225—320.
—— Theorie der Eingriffe gezahnter Räder in einander. M. 3 Tfln. Ber. 1866. p. 152—190.
—— Tafeln der Egeria mit Zugrundelegung der in den Abh. veröffentlichten Störungen dieses Planeten berechnet und mit einleitenden Aufsätzen versehen. Abh. Bd. VIII. (1867). p. 393—569.
—— Von der Methode der kleinsten Quadrate im Allgemeinen und in ihrer Anwendung auf die Geodäsie. Abh. Bd. VIII. (1867). p. 571—806.
—— Fortgesetzte geodätische Untersuchungen, bestehend in zehn Supplementen zur Abhandlung von der Methode der kleinsten Quadrate im Allgemeinen und in ihrer Anwendung auf die Geodäsie. Abh. Bd. IX. (1868). p. 1—184.
—— Kurz gefasste, rationelle Ableitung des Ausgleichungsverfahrens eines Dreiecknetzes, nach der Abhandlung: »Von der Methode der kleinsten Quadrate u. s. w.« mit Weglassung aller Nebenbetrachtungen. Ber. 1868. p. 129—150.
—— Reflexionen über die Reduction der Winkel eines sphärischen Dreiecks von kleinen Seiten auf die Winkel des ebenen oder sphärischen Dreiecks von denselben Seiten. Ber. 1869. p. 138—144.
—— Supplement zu der Abhandlung, die Reductionen der Winkel eines sphärischen Dreiecks betr. Abh. Bd. IX. (1869). p. 289—355.
—— Entwickelung eines neuen veränderten Verfahrens zur Ausgleichung eines Dreiecksnetzes mit besonderer Betrachtung des Falles, in welchem gewisse Winkel vorausbestimmte Werthe bekommen sollen. Abh. Bd. IX. (1869). p. 185—287.
—— Bestimmung des Schwerpunktes eines beliebigen sphärischen Dreiecks. Ber. 1870. p. 71—94.
—— Beschreibung eines Fernrohrstativs, welches dem in Bezug auf den Horizont aufgestellten Fernrohr eine parallactische Bewegung mittheilt, nebst Ermittelung des mit θ bezeichneten Positionswinkels. M. 1 Tfl. Ber. 1870. p. 185—214.
—— Bestimmung der Sonnenparallaxe durch Venusvorübergänge vor der Sonnenscheibe mit besonderer Berücksichtigung des im Jahre 1874 eintreffenden Vorüberganges. M. 2 Planigloben. Abh. Bd. IX (1870). p. 455—552.

Hansen, Peter Andreas. Ueber die Bestimmung der Figur des Mondes, in Bezug auf Aufsätze von Newcomb und Delaunay darüber. Ber. 1871. p. 1—12.
—— Untersuchung des Weges eines Lichtstrahles durch eine beliebige Anzahl von brechenden sphärischen Oberflächen. Abh. Bd. X. (1871). p. 63—202.
—— Bemerkungen zu einem vor der permanenten Commission der europäischen Gradmessung am 21. September 1871 zu Wien gehaltenen Vortrage. Ber. 1872. p. 1—14.
—— Darlegung einer unbedeutend erscheinenden Umformung der Endgleichungen des »Supplements zu den Geodätischen Untersuchungen«, durch welche aber eine weit grössere Genauigkeit in den numerischen Werthen derselben erlangt wird. (Nebst einer Tafel für die Krümmungsmaasse auf dem Erdsphäroid). Ber. 1872. p. 15—23.
—— Ueber die Anwendung von Lichtbildern zur Beobachtung der Venusvorübergänge vor der Sonne. Ber. 1872. p. 65—113. Zusatz. Ber. 1872. p. 172—181.
—— Von der Bestimmung der Theilungsfehler eines gradlinigen Maassstabes. Abh. Bd. X (1874). p. 525—667.
—— Ueber die Darstellung der graden Aufsteigung und Abweichung des Mondes in Functionen der Länge in der Bahn und der Knotenlänge. Abh. Bd. X. (1874). p. 669—691.
—— Dioptrische Untersuchungen mit Berücksichtigung der Farbenzerstreuung und der Abweichung wegen Kugelgestalt. Zweite Abhandlung. Abh. Bd. X. (1874). p. 693—784.
—— Ueber die Störungen der grossen Planeten, insbesondere des Jupiter. Abh. Bd. XI. (1875). p. 273—475.
Harnack, Axel. Beiträge zur Theorie des Cauchy'schen Integrales. Ber. 1885. p. 379—398.
Hasenbach, C. W. Beiträge zur Kenntniss der Untersalpetersäure und salpetrigen Säure. M. 1 Hlzschn. Ber. 1871. p. 259—275.
Heller, Arnold. Ueber die Blutgefässe des Dünndarmes. M. 1 Tfl. Ber. 1872. p. 165—171.
Hilbert, David. Ueber eine allgemeine Gattung irrationaler Invarianten und Covarianten für eine binäre Grundform geraden Grades. Ber. 1885. p. 427—438.
His, Wilhelm. Vorlegung der Tafeln IX—XIV seines embryologischen Atlas (und Bemerkungen über die Entwickelungsgeschichte des Halses und die primäre Thymusanlage). Ber. 1885. p. 126.
Hofmeister, Wilhelm. Beiträge zur Kenntniss der Gefässkryptogamen. I. M. 18 Tfln. Abh. Bd. II (1852). p. 121—179. II. Abh. Bd. III (1857). p. 603—682.
—— Ueber die Befruchtung der Farrnkräuter. Ber. 1854. p. 54—56.
—— Zur Morphologie der Moose. M. 4 Tfln. Ber. 1854. p. 92—106.
—— Uebersicht neuerer Beobachtungen der Befruchtung und Embryobildung der Phanerogamen. Ber. 1856. p. 77—102.
—— Ueber die Fortpflanzung der Desmidieen und Diatomeen. M. 1 Tfl. Ber. 1857. p. 18—38.
—— Ueber das Steigen des Saftes der Pflanzen. Ber. 1857. p. 149—161.

Hofmeister, Wilhelm. Ueber die zu Gallerte aufquellenden Zellen der Aussenfläche von Samen und Pericarpien. M. 1 Tfl. Ber. 1858. p. 18—37.
—— Neue Beiträge zur Kenntniss der Embryobildung der Phanerogamen. I. Dikotyledonen mit ursprünglich einzelligem, nur durch Zellentheilung wachsendem Endosperm. M. 27 Tfln. Abh. Bd. IV (1859). p. 533—673. II. Monokotyledonen. M. 25 Tfln. Abh. Bd. V. (1861). p. 629—760.
—— Ueber die Beugungen saftreicher Pflanzentheile nach Erschütterung. Ber. 1859. p. 175—205.
—— Ueber die Entwickelung der Sporen von Tuber aestivum Vittad. Ber. 1859. p. 214—235.
—— Ueber die durch die Schwerkraft bestimmten Richtungen von Pflanzentheilen. Ber. 1860. p. 175—213.
Hurwitz, A. Ueber Relationen zwischen Klassenzahlen binärer quadratischer Formen von negativer Determinante. Ber. 1884. p. 193—197.
—— Ueber die Klassenzahlrelationen und Modularcorrespondenzen primzahliger Stufe. Ber. 1885. p. 222—240.
Huschke, E. Ueber die Windungen des kleinen Gehirns. Ber. 1853. p. 142—154.
Klein, Felix. Ueber gewisse Differentialgleichungen dritter Ordnung. Ber. 1883. p. 1—6.
—— Zur Theorie der elliptischen Functionen n^{ter} Stufe. Ber. 1884. p. 61—98.
—— Neue Untersuchungen über elliptische Modulfunctionen der niedersten Stufen. Ber. 885. p. 70—91.
Knop, Wilhelm. Vorläufige Mittheilung über die Methode zur Spaltung der Eiweisskörper. Ber. 1868. p. 1—5.
—— Arbeiten aus dem landwirthschaftlich-chemischen Laboratorio der Universität Leipzig. Ueber die Bedeutung des Eisens, Chlors, Broms, Jods und Natrons als Pflanzennährstoffe. Ber. 1869. p. 1—27.
—— Methode zur Bestimmung des Stickstoffs in Ammoniak- und Harnstoffverbindungen. M. 1 Hlzschn. Ber. 1870. p. 44—47.
—— Chemischer Beitrag zur Physiologie der Flechten. Ber. 1871. p. 576—584.
—— und Dworzak, Hugo. Chemisch-physiologische Untersuchungen über die Ernährung der Pflanzen. Ber. 1875. p. 29—80.
—— Einige neue Resultate der Untersuchung über die Ernährung der Pflanze. Ber. 1877. p. 109—113.
—— Ueber eine merkwürdige Umgestaltung der Inflorescenz der Maispflanze bei künstlicher Ernährung. M. 1 Tfl. Ber. 1878. p. 39—46.
—— Beiträge zur Kenntniss der Eiweisskörper. Ber. 1879. p. 1—26. 1881. p. 26—27.
—— Methode zur quantitativen Trennung des Kalis und Natrons. Ber. 1881. p. 24—32.
—— Zur Analyse der Silicate. Ber. 1882. p. 33—38.
—— Ueber die Erzeugung und Ausscheidung von zweifach hornsaurem Ammoniak durch die Larve der Kleidermotte. Ber. 1884. p. 9.

Knop, Wilhelm. Ueber die Aufnahme verschiedener Substanzen durch die Pflanze, welche nicht zu den Nährstoffen gehören. Ber. 1885. p. 39—54.

Kohlrausch, R. und Weber, W. Elektrodynamische Maassbestimmungen, insbesondere Zurückführung der Stromintensitäts-Messungen auf mechanisches Maass. Abh. Bd. III (1856). p. 219—292.

Kolbe, Hermann. Ueber die Isomerie der von Hofmann entdeckten Cyanverbindungen mit den Nitrilen. Ber. 1867. p. 131—134.

—— Nachtrag zu der Mittheilung von E. Drechsel: »Ueber die Reduction der Kohlensäure zu Oxalsäure«. Ber. 1868. p. 7—8.

—— Ueber die Elektrolyse der Essigsäure. Ber. 1868. p. 99—100.

—— Chemische Constitution des Glycerins und seiner Derivate. Ber. 1869. p. 82—95.

—— Ueber die chemische Constitution der Harnsäure und ihrer Derivate. Ber. 1870. p. 4—10.

—— Neue Darstellungsmethode und einige bemerkenswerthe Eigenschaften der Salicylsäure. Ber. 1874. p. 26—44.

Kowalewsky, N. Ueber die Maassbestimmung der Athmungsgase durch ein neues Verfahren. M. 2 Hlzschn. Ber. 1866. p. 111—123.

Kries, N. v. Ueber den Druck in den Blutcapillaren der menschlichen Haut. M. 4 Hlzschn. Ber. 1875. p. 149—160.

Kronecker, H. Ueber die Ermüdung und Erholung der quergestreiften Muskeln. M. 5 Tfln. u. 81 Hlzschn. Ber. 1871. p. 690—780.

Kunkel, A. Ueber das Verhältniss der mit dem Eiweiss verzehrten zu der durch die Galle ausgeschiedenen Schwefelmenge. Ber. 1875. p. 232—251.

Lange, Ludwig. Ueber das Beharrungsgesetz. Ber. 1885. p. 333—351.

Lauder Brunton, T. Ueber die Wirkung des salpetrigsauren Amyloxyds auf den Blutstrom. M. 6 Hlzschn. Ber. 1869. p. 285—304.

Lehmann, Karl Gotthold. Ueber den Gehalt des Blutes an kohlensaurem Alkali. Ber. 1846. p. 96—100.

—— Ueber die saure Reaction des Magensaftes. Ber. 1846. p. 100—105.

—— Ueber das chemische Verhalten des russischen und canadischen Castoreum und des Smegma praeputii des Pferdes. Ber. 1848. p. 200—208.

—— Ueber einige quantitative Verhältnisse, die den Verdauungsprocess betreffen. Ber. 1849. p. 8—30.

—— Einige vergleichende Analysen des Blutes der Pfortader und der Lebervenen. Ber. 1850. p. 131—164.

—— Ueber die Krystallisirbarkeit eines der Hauptbestandtheile der Blutkörperchen. Ber. 1852. p. 23—26.

—— Ueber den krystallisirbaren Stoff des Blutes. Ber. 1852. p. 78—84.

—— Weitere Mittheilungen über die krystallisirbare Proteïnsubstanz des Blutes. Ber. 1853. p. 104—133.

—— Untersuchungen über die Constitution des Blutes verschiedener Gefässe und den Zuckergehalt derselben insbesondere. Ber. 1855. p. 87—122.

—— Ueber verschiedene Untersuchungen, welche in letzter Zeit im chemischen Laboratorium zu Jena ausgeführt worden sind. Ber. 1862. p. 35—50.

Lépine, R. Ueber Entstehung und Verbreitung des thierischen Zuckerfermentes. Ber. 1870. p. 322—327.

Lesser, K. A. Eine Methode, um grosse Lymphmengen vom lebenden Hunde zu gewinnen. Ber. 1871. p. 590—616.

Lesser, L. Ueber die Anpassung der Gefässe an grosse Blutmengen. M. 2 Hlzschn. Ber. 1874. p. 153—192.

Leuckart, Rud. Ueber die Lebensgeschichte der sogenannten Anguillula stercoralis und deren Beziehungen zu der sogen. Anguillula intestinalis. Ber. 1882. p. 85—107.

Lindenau, Bernhard August von. Ueber die Sonnenwärme. Ber. 1847. p. 231—238.

Lovén, Christ. Ueber die Erweiterung von Arterien in Folge einer Nervenerregung. M. 1 Tfl. Ber. 1866. p. 85—110.

Luciani, Luigi. Eine periodische Function des isolirten Froschherzens. M. 13 Hlzschn. Ber. 1873. p. 11—94.

Ludwig, Carl und Cyon, E. Die Reflexe eines der sensiblen Nerven auf die motorischen der Blutgefässe. M. 1 Tfl. Ber. 1866. p. 307—328.

—— und Schweigger-Seidel, F. Ueber das Centrum tendineum des Zwergfelles. M. 1 Tfl. Ber. 1866. p. 362—369.

—— und Schmidt, Alex. Das Verhalten der Gase, welche mit dem Blut durch den reizbaren Säugethiermuskel strömen. M. 4 Hlzschn. Ber. 1868. p. 12—72.

—— und Dogiel, J. Ein neuer Versuch über den ersten Herzton. M. 1 Hlzschn. Ber. 1868. p. 89—96.

Macaluso, D. Untersuchungen über die galvanische Polarisation durch Chlor und Wasserstoff. M. 4 Tfln. Ber. 1873. p. 306—366.

Marchand und Erdmann, O. L. Ueber die Mellithsäure (Honigsteinsäure). Ber. 1848. p. 15—26.

—— Ueber das Auftreten und die Ermittelung des Arseniks im thierischen Körper. Ber. 1849. p. 86—97.

—— Vorläufige Mittheilung aus einer Untersuchung über das Leuchten des Phosphors. Ber. 1849. p. 126—133.

Mayer, Adolph. Ueber den allgemeinsten Ausdruck der innern Potentialkräfte eines Systems bewegter materieller Punkte. Ber. 1877. p. 86—100.

—— Die Kriterien des Maximums und Minimums der einfachen Integrale in den isoperimetrischen Problemen. Ber. 1877. p. 114—132.

—— Ueber das allgemeinste Problem der Variationsrechnung bei einer einzigen unabhängigen Variabeln. Ber. 1878. p. 16—32.

—— Ueber die relative Bewegung eines Systems materieller Punkte um den Schwerpunkt. Ber. 1879. p. 34—44.

—— Ueber die kürzesten und weitesten Abstände eines gegebenen Punktes von einer gegebenen Oberfläche und die dritte Variation in den Problemen des gewöhnlichen Maximums und Minimums. Ber. 1881. p. 28—54.

Mayer, Adolph. Zur Aufstellung der Kriterien des Maximums und Minimums der einfachen Integrale bei variabeln Grenzwerthen. Ber. 1884. p. 99—127.
—— Begründung der Lagrange'schen Multiplicatorenmethode in der Variationsrechnung. Ber. 1885. p. 7—14.
Merunowicz, .. Ueber die chemischen Bedingungen für die Entstehung des Herzschlages. M. 15 Hlzschn. Ber. 1875. p. 252—298.
Mettenius, G. Beiträge zur Anatomie der Cycadeen. M. 5 Tfln. Abh. Bd. V. (1860). p. 565—608.
—— Ueber Seitenknospen bei Farnen. Abh. Bd. V. (1860). p. 609—628.
—— Ueber den Bau von Angiopteris. M. 10 Tfln. Abh. Bd. VI. (1863). p. 499—570.
—— Ueber die Hymenophyllaceae. M. 5 Tfln. Abh. Bd. VII (1864). p. 401—504.
Michel, J. Zur näheren Kenntniss der Blut- und Lymphbahnen der Dura mater cerebralis. M. 1 Tfl. Ber. 1872. p. 334—348.
Miescher, F. Zur Frage der sensiblen Leitung im Rückenmark. M. 1 Hlzschn. u. 4 Tfln. Ber. 1870. p. 404—429.
Mihalkovics, Vict. von. Beiträge zur Anatomie und Histologie des Hodens. M. 4 Tfln. Ber. 1873. p. 217—256.
Mittenzwey u. Erdmann. Resultate einiger Untersuchungen über die Wirkungsweise der Beizmittel, namentlich des Alauns, beim Färben der Baumwolle. Ber. 1859. p. 99—108.
Möbius, August Ferdinand. Ueber die phoronomische Deutung des Taylor'schen Theorems. Ber. 1846. p. 79—82.
—— Verallgemeinerung des Pascal'schen Theorems, das in einen Kegelschnitt beschriebene Sechseck betreffend. Ber. 1847. p. 170—175.
—— Ueber die Grundformen der Linien der dritten Ordnung. Ber. 1848. p. 12—15. Abh. Bd. I. (1852). p. 1—82. M. 1 Tfl.
—— Ueber den von Graham entdeckten Planeten. Ber. 1848. p. 115—116.
—— Ueber die Gestalt sphärischer Curven, welche keine merkwürdigen Punkte haben. M. 4 Hlzschn. Ber. 1848. p. 179—182.
—— Ueber das Gesetz der Symmetrie der Krystalle und die Anwendung dieses Gesetzes auf die Eintheilung der Krystalle in Systeme. M. 2 Hlzschn. Ber. 1849. p. 65—75.
—— Ueber einen von ihm gefundenen Beweis des Satzes vom Parallelogramm der Kräfte. M. 1 Hlzschn. Ber. 1850. p. 10—15.
—— Ueber symmetrische Figuren. Ber. 1851. p. 19—28.
—— Beitrag zu der Lehre von der Auflösung numerischer Gleichungen. Ber. 1852. p. 1—4.
—— Ueber eine Methode, um von Relationen, welche der Longimetrie angehören, zu entsprechenden Sätzen der Planimetrie zu gelangen. Ber. 1852. p. 41—54.
—— Ueber eine neue Verwandtschaft zwischen ebenen Figuren. Ber. 1853. p. 14—27.
—— Ueber die Involution von Punkten in einer Ebene. M. 8 Hlzschn. Ber. 1853. p. 176—190.
—— Zwei rein geometrische Beweise des Bodenmiller'schen Satzes. Ber. 1854. p. 87—91.

Möbius, August Ferdinand. Entwickelung der Lehre von dioptrischen Bildern mit Hülfe der Collineationsverwandtschaft. M. 3 Hlzschn. Ber. 1855. p. 8—32.
—— Ueber Erweiterung des Begriffs der Involution von Punkten. Ber. 1855. p. 33—39.
—— Die Theorie der Kreisverwandtschaft in rein geometrischer Darstellung. Abh. Bd. II (1855). p. 529—595.
—— Ueber Involutionen höherer Ordnung. M. 3 Hlzschn. Ber. 1855. p. 123—140.
—— Zu dem Aufsatze von Baltzer (Ber. 1855. p. 62), die Leibniz'sche Quadratur der Sectoren der Kegelschnitte betreffend. Ber. 1856. p. 19—20.
—— Ueber Legendre's Auflösung der Apollonischen Aufgabe. Ber. 1856. p. 113—115.
—— Theorie der collinearen Involution von Punktenpaaren in einer Ebene und im Raume. M. 6 Hlzschn. Ber. 1856. p. 143—162.
—— Ueber imaginäre Kreise. M. 1 Hlzschn. Ber. 1857. p. 38—48.
—— Ueber conjugirte Kreise. Ber. 1858. p. 1—17.
—— Neuer Beweis des in Hamiltons Lectures on Quaternions aufgestellten associativen Princips bei der Zusammensetzung von Bogen zweiter Kreise einer Kugelfläche. M. 2 Hlzschn. Ber. 1859. p. 138—149.
—— Entwickelung der Grundformeln der sphärischen Trigonometrie in grösstmöglicher Allgemeinheit. Ber. 1860. p. 51—64.
—— Entwickelung der Eigenschaften unendlich dünner Strahlenbündel. Ber. 1862. p. 1—16.
—— Theorie der elementaren Verwandtschaft. M. 13 Hlzschn. Ber. 1863. p. 18—57.
—— Ueber die Bestimmung des Inhalts eines Polyeders. M. 14 Hlzschn. Ber. 1865. p. 31—68.
Molien, Theodor. Ueber gewisse, in der Theorie der elliptischen Functionen auftretende Einheitswurzeln. Ber. 1885. p. 25—38.
Morera, G. Zur Transformation und Theilung der elliptischen Functionen. Ber. 1885. p. 302—313.
Moseley, .. Ein Verfahren, um die Blutgefässe der Coleopteren auszuspritzen. M. 1 Tfl. Ber. 1871. p. 276—278.
Mosso, A. Von einigen neuen Eigenschaften der Gefässwand. M. 22 Hlzschn. Ber. 1874. p. 305—371.
Müller, J. J. Ueber die Athmung in der Lunge. M. 4 Hlzschn. Ber. 1869. p. 149—188.
—— Ueber elastische Schwingungen. Ber. 1870. p. 1—3.
—— Ueber eine neue Ableitung des Hauptsatzes der Psychophysik. Ber. 1870. p. 328—337.
—— Beobachtung über die Interferenz des Lichtes bei grossen Gangunterschieden. Ber. 1871. p. 19—24.
—— Ueber die Tonempfindungen. Ber. 1871. p. 115—124.
—— Ueber den Einfluss der Raddrehung der Augen auf die Wahrnehmung der Tiefendimension. Ber. 1871. p. 125—134.

Müller, Jakob Worm. Ueber die Spannung des Sauerstoffs der Blutscheiben. M. 1 Tfl. u. 1 Hlzschn. Ber. 1870. p. 351—403.

—— Die Abhängigkeit des arteriellen Druckes von der Blutmenge. M. 1 Tfl. u. 2 Hlzschn. Ber. 1878. p. 573—664.

Naumann, Carl Friedrich. Ueber die cyclocentrische Conchospirale und über das Windungsgesetz von Planorbis corneus. M. 1 Hlzschn. Ber. 1847. p. 164—170. Abh. Bd. I. (1849). p. 169—195.

—— Ueber die Felsenschliffe der Hohburger Porphyrberge unweit Wurzen. Ber. 1847. p. 392—410.

—— Ueber die logarithmische Spirale von Nautilus Pompilius und Ammonites galeatus. M. 1 Hlzschn. Ber. 1848. p. 26—34.

—— Ueber die im Königreich Sachsen möglicherweise noch aufzufindenden Steinkohlen. Ber. 1848. p. 106—115.

—— Versuch einer neuen Interpretation der Turmalin-Analysen. Ber. 1852. p. 1—14.

—— Resumé einer grösseren krystallographischen Abhandlung über das Gesetz der Rationalität der Tangenten aller Winkel einer und derselben Zone. Ber. 1854. p. 1—3.

—— Ueber die Rationalität der Tangenten-Verhältnisse tautozonaler Krystallflächen. Abh. Bd. II. (1855). p. 505—528.

—— Ueber die innere Spirale von Ammonites Ramsaueri. M. 1 Hlzschn. Ber. 1864. p. 21—34.

Nawrocki, .. Beitrag zur Frage der sensiblen Leitung im Rückenmarke. M. 1 Tfl. Ber. 1871. p. 585—589.

Neumann, Carl. Untersuchungen über die Bewegung eines Systems starrer Körper. Ber. 1869. p. 132—137.

—— Ueber die mechanische Energie der Schwefelsäure. Ber. 1869. p. 213—220.

—— Ueber die Entwickelung einer Function nach Quadraten und Producten der Fourier-Bessel'schen Functionen. Ber. 1869. p. 221—256.

—— Ueber den Satz der virtuellen Verrückung. Ber. 1869. p. 257—280.

—— Zur Theorie des Logarithmischen und des Newton'schen Potentiales. 1. Mittheilung. Ber. 1870. p. 49—56. 2. Mitth. Ber. 1870. p. 264—321.

—— Elektrodynamische Untersuchungen mit besonderer Rücksicht auf das Princip der Energie. Ber. 1871. p. 386—449.

—— Ueber die von Helmholtz in die Theorie der elektrischen Vorgänge eingeführten Prämissen, mit besonderer Rücksicht auf das Princip der Energie. Ber. 1871. p. 450—478.

—— Vorläufige Conjectur über die Ursachen der thermoelektrischen Ströme. Ber. 1872. p. 49—64.

—— Ueber das Elementargesetz derjenigen elektromotorischen Kräfte, welche in einem gegebenen Conductor hervorgebracht werden durch elektrische Ströme, sei es, dass diese Ströme in demselben Conductor, sei es, dass sie in irgend einem andern gegen jenen sich bewegenden Conductor stattfinden. Ber. 1872. p. 144—164.

—— Ueber die den Kräften elektrodynamischen Ursprungs zuzuschreibenden Elementargesetze. Abh. Bd. X. (1873). p. 417—524.

Neumann, Carl. Ueber die Helmholtz'sche Constante k. M. 1 Hlzschn. Ber. 1874. p. 132—154.
—— Ueber das von Weber für die elektrischen Kräfte aufgestellte Gesetz. Abh. Bd. XI. (1874). p. 77—200.
—— Das Weber'sche Gesetz und seine Anwendung auf Gleitstellen. M. 1 Hlzschn. Ber. 1875. p. 1—28.
—— Das Weber'sche Gesetz bei Zugrundelegung der unitarischen Anschauungsweise. Abh. Bd. XI. (1876). p. 621—639.
—— Zwei Sätze über correspondirende Flächenelemente. Ber. 1876. p. 253—255.
—— Ueber das Ampère'sche Gesetz. Ber. 1876. p. 256—267.
—— Ueber die peripolaren Coordinaten. Ber. 1877. p. 134—153. Abh. Bd. XII. (1880). p. 363—398.
—— Zur Theorie der conformen Abbildung einer ebenen Fläche auf eine Kreisfläche. Ber. 1877. S. 154—155.
—— Neue Methode zur Reduction gewisser Potentialaufgaben. Ber. 1878. p. 1—9.
—— Ueber zwei von Green gegebene Formeln. Ber. 1878. p. 10—12.
—— Ueber die Zusammensetzung der nach dem Weber'schen Gesetz sich ergebenden Beschleunigungen. Ber. 1878. p. 12—13.
—— Entwickelung nach Elementarpotentialen. Ber. 1878. p. 47—90.
—— Ueber das Princip der virtuellen oder facultativen Verrückungen. M. 1 Hlzschn. Ber. 1879. p. 53—64.
—— Die Vertheilung der Elektricität auf eine Kugelcalotte. Abh. Bd. XII. (1880). p. 399—456.
—— Verallgemeinerung des Bowylew'schen Satzes. M. 1 Hlzschn. Ber. 1880. p. 22—35.
—— Ueber das Weber'sche Gesetz. Ber. 1880. p. 35—42.
—— Ueber die Brechung eines unendlich dünnen regulären Strahlenbündels. M. 6 Hlzschn. Ber. 1880. p. 42—64.
—— Ueber zwei von G. Cantor und P. du Bois-Reymond über die trigonometrischen Reihen aufgestellte Sätze, und deren Uebertragung auf solche Reihen, die nach Kugelfunctionen fortschreiten. Ber. 1881. p. 1—25. Fortsetzung und Berichtigung. Ber. 1883. p. 18—34.
—— Ueber eine neue und einfache Methode zur Untersuchung der Stetigkeit, respective Unstetigkeit mehrdeutiger Functionen. Ber. 1883. p. 85—98.
—— Ueber das Verschwinden der Thetafunctionen. Ber. 1883. p. 99—122.
—— Ueber die rollende Bewegung eines Körpers auf einer gegebenen Horizontal-Ebene unter dem Einfluss der Schwere. M. 2 Hlzschn. Ber. 1883. p. 352—378.
Owsjannikow, Ph. Die tonischen und reflectorischen Centren der Gefässnerven. Ber. 1874. p. 135—147.
—— Ueber einen Unterschied in den reflectorischen Leistungen des verlängerten und des Rückenmarkes der Kaninchen. Ber. 1874. p. 457—464.
Papperitz, Erwin. Zur algebraischen Transformation der hypergeometrischen Functionen. Ber. 1885. p. 60—69.

Paschutin, Victor. Ueber die Absonderung der Lymphe im Arme des Hundes. M. 1 Tfl. u. 1 Hlzschn. Ber. 1873. p. 93—137.
—— Ueber den Bau der Schleimhaut der regio olfactoria des Frosches. Ber. 1873. p. 257—266.
Pick, Georg. Zur Theorie der complexen Multiplication der elliptischen Functionen. Ber. 1885. p. 15—24.
Přibram, Rich. Eine neue Methode zur Bestimmung des Kalkes und der Phosphorsäure im Blutserum. Ber. 1871. p. 279—284.
Prussak, A. Zur Physiologie und Anatomie des Blutstroms in der Trommelhöhle. M. 2 Tfln. Ber. 1868. p. 101—118.
Reich, Ferdinand. Ueber die abstossende Wirkung eines Magnetpoles auf unmagnetische Körper. Ber. 1847. p. 231—233.
—— Ueber die magnetische Polarität des Pöhlberges bei Annaberg. M. 1 Hlzschn. Ber. 1848. p. 237—247.
—— Neue Versuche mit der Drehwage zur Bestimmung der mittleren Dichtigkeit der Erde. Ber. 1851. p. 28. Abh. Bd. I. (1852). p. 383—430.
—— Ueber die Regenmenge zu Freiberg. Ber. 1852. p. 15—23.
—— Ueber die diamagnetische Wirkung. Ber. 1855. p. 80—87.
—— Ueber photographische Registrirung der magnetischen Declination. M. 1 Tfl. Ber. 1859. p. 205—213.
Reichardt, Wilibald. Ein Beitrag zur Theorie der Gleichungen sechsten Grades. Ber. 1885. p. 419—426.
Reinhardt, Curt. Zu Möbius' Polyedertheorie. M. 3 Hlzschn. Ber. 1885. p. 106—125.
Röhrig, A. Ueber die Zusammensetzung und das Schicksal der in das Blut eingetretenen Nährfette. Ber. 1874. p. 1—23.
Rohn, Karl. Ueber die Entstehung eines beliebigen x-fachen Punktes einer Fläche aus dem gewöhnlichen x-fachen Punkt. Ber. 1884. p. 1—8.
—— Einige specielle Fälle der Kummer'schen Fläche. Ber. 1884. p. 10—16.
—— Ueber Flächen 4. Ordnung mit acht bis sechzehn Knotenpunkten. Ber. 1884. p. 52—60.
Rossbach, M. J. Ueber die Umwandlung der periodisch aussetzenden Schlagfolge des isolirten Froschherzens in die rhytmische. Ber. 1874. p. 193—201.
Rühlmann, R. und Wiedemann, G. Ueber den Durchgang der Elektricität durch Gase. M. 2 Tfln. Ber. 1871. p. 333—385.
Sachs, Julius. Ueber das abwechselnde Erbleichen und Dunklerwerden der Blätter bei wechselnder Beleuchtung. Ber. 1859. p. 226—240.
—— Krystallbildungen bei dem Gefrieren und Veränderung der Zellhäute bei dem Aufthauen saftiger Pflanzentheile. Ber. 1860. p. 1—50.
Sadler, W. Ueber den Blutstrom in den ruhenden, verkürzten und ermüdeten Muskeln des lebenden Thieres. M. 1 Tfl. u. 10 Hlzschn. Ber. 1869. p. 189—212.
Sanders-Ezn, H. Vorarbeit für die Erforschung des Reflexmechanismus im Lendenmarke des Frosches. M. 3 Tfln. u. 1 Hlzschn. Ber. 1867. p. 1—29.

Sanders-Ezn, H. Der respiratorische Gasaustausch bei grossen Temperaturänderungen. M. 1 Tfl. u. 1 Hlzschn. Ber. 1867. p. 58—98.

Scheefer, L. Ueber die Bedeutung der Begriffe »Maximum und Minimum« in der Variationsrechnung. Ber. 1885. p. 92—105.

Scheerer, Theodor. Mineralogische Charakteristik des Prosopit. M. 1 Hlzschn. Ber. 1856. p. 115—138.

—— Ueber den Troversellit und seine Begleiter — Pyrgom, Epidot, Granat — ein neuer Beitrag zur Beantwortung der plutonischen Frage. M. 1 Hlzschn. Ber. 1858. p. 94—108.

—— Einige Bemerkungen über die chemische Constitution der Amphibole und Augite, besonders in Bezug auf Rammelsberg's neueste Analysen hierhergehöriger Species. Ber. 1858. p. 109—123.

—— Bemerkungen über die chemische Constitution der Epidote und Idokrase. Ber. 1858. p. 165—172.

Scheibner, Wilhelm. Ueber die asymptotischen Werthe der Coefficienten in den nach der mittleren Anomalie vorgenommenen Entwickelungen. Ber. 1856. p. 40—64.

—— Ueber die Auflösung eines gewissen Gleichungensystems. Ber. 1856. p. 65—76.

—— Zur Theorie der Maclaurin'schen Summenformel. Ber. 1857. p. 190—198.

—— Ueber Halbdeterminanten. Ber. 1859. p. 151—159.

—— Ueber zwei auf die Theorie der elliptischen Functionen bezügliche Sätze. Ber. 1859. p. 159—160.

—— Ueber periodische Functionen. Ber. 1862. p. 64—135.

—— Ueber das Rationalmachen von irrationalen algebraischen Ausdrücken. Ber. 1863. p. 63—82.

—— Einige Bemerkungen über recurrirende Gleichungen, welche auf Kettenbrüche führen. Ber. 1864. p. 44—68.

—— Notiz über das Problem der drei Körper. M. 1 Hlzschn. Ber. 1866. p. 33—37. Zusatz. p. 370—372.

—— Ueber Mittelwerthe. Auszug aus einem an G. Th. Fechner gerichteten Schreiben. Ber. 1873. p. 562—567.

—— Ueber einige allgemeine Convergenzsätze. Auszug aus einem an * * gerichteten Schreiben d. d. Leipzig. 30. Mai 1871. Ber. 1873. p. 568—572.

—— Dioptrische Untersuchungen, insbesondere über das Hansen'sche Objectiv. Abh. Bd. XI. (1876). p. 541—620.

—— Zur Reduction elliptischer Integrale in reeller Form. Abh. Bd. XII. (1879). p. 57—199. Supplement. Abh. Bd. XII. (1880). p. I—XLII.

—— Ueber eine Transformationsformel für Doppelintegrale. Ber. 1884. p. 185—192.

Schenk, August. Ueber Sigillariostrobus. Ber. 1885. p. 127—131.

Scheremetjewski, Theod. Ueber die Aenderung des respiratorischen Gasaustausches durch die Zufügung verbrennlicher Molecüle zum kreisenden Blute. M. 1 Hlzschn. Ber. 1868. p. 151—194.

Schlömilch, Oskar. Ueber die Auflösung von Functionsgleichungen. M. 1 Hlzschn. Ber. 1852. p. 27—34.

Schlömilch, Oskar. Ueber ein neues Verfahren zur Entwickelung der elliptischen Funktionen. Ber. 1853. p. 23—27.
—— Ueber das vollständige Viereck. M. 3 Hlzschn. Ber. 1854. p. 1—13.
—— Ueber die Bestimmung der Massen und der Trägheitsmomente symmetrischer Rotationskörper von ungleichförmiger Dichtigkeit. Abh. Bd. II. (1854). p. 377—393.
—— Ueber einige allgemeine Reihenentwickelungen und deren Anwendung auf die elliptischen Functionen. Abh. Bd. II. (1854). p. 395—430.
—— Neue Theoreme über unendliche Reihen. Ber. 1854. p. 127—133.
—— Ueber die Bestimmung eines Kegelschnitts durch fünf Punkte. M. 3 Hlzschn. Ber. 1855. p. 1—8.
—— Ueber die Bestimmung der Transversalen zu vier gegebenen Geraden im Raume. M. 2 Hlzschn. Ber. 1855. p. 39—44.
—— Ueber den Satz vom Parallelogramm der Kräfte. Ber. 1856. p. 138—143.
—— Ueber ein allgemeines Princip der Reihenentwickelungen. Ber. 1857. p. 11—17.
—— Reduction eines vielfachen Integrales. Ber. 1857. p. 67—74.
—— Zur Theorie der höheren Differentialquotienten. Ber. 1857. p. 163—180.
—— Transformation eines bestimmten Integrales. Ber. 1857. p. 181—186.
—— Ueber Mittelwerthe verschiedener Ordnungen. Ber. 1858. p. 77—81.
—— Ueber den mittleren Radius des 3-achsigen Ellipsoids. Ber. 1859. p. 87—89.
—— Ueber Facultätenreihen. Ber. 1859. p. 109—137.
—— Ein neuer statischer Beweis für das Parallelogramm der Kräfte. Ber. 1860. p. 68—70.
—— Ueber eine Transformation unendlicher Reihen. Ber. 1861. p. 120—124.
—— Ueber die Complanation der centrischen Flächen 2ter Ordnung. Ber. 1862. p. 23—34.
—— Ueber die Complanation gewisser Fusspunktsflächen. Ber. 1862. p. 51—55.
—— Ueber die Entwickelungen von Functionen complexer Variabelen in Facultätenreihen. Ber. 1863. p. 58—62.
—— Ueber die Complanation verschiedener Flächen. M. 1 Hlzschn. Ber. 1866. p. 38—45.
—— Ueber die Wegschaffung von Wurzelgrössen aus Differentialen. Ber. 1868. p. 151—153.
—— Ueber die stereometrischen Analoga zum Fagnano'schen Satze. M. 2 Hlzschn. Ber. 1871. p. 13—18.
—— Ueber eine besondere Gattung algebraischer Functionen. Ber. 1872. p. 26—29.
—— Ueber bedingt-convergirende Reihen. Ber. 1872. p. 327—330.
—— Ueber einige unendliche Reihen. Ber. 1877. p. 101—105.
—— Ueber die Summen von Potenzen der reciproken natürlichen Zahlen. Ber. 1877. p. 106—109.
—— Ueber den verallgemeinerten Taylor'schen Satz. Ber. 1879. p. 27—33.

Schlömilch, Oskar. Ueber Reihenentwickelungen für gewisse hyperelliptische Integrale. Ber. 1882. p. 1—4.
Schmidt, Alex. Ueber die Kohlensäure in den Blutkörperchen. 1. Abhandlung. M. 3 Hlzschn. Ber. 1867. p. 30—57.
—— Ueber die Athmung innerhalb des Blutes. 2. Abhandlung. Ber. 1867. p. 99—130.
—— und Schweigger-Seidel, F. Einige Bemerkungen über die rothen Blutkörperchen. Ber. 1867. p. 190—199.
—— und Ludwig, C. Das Verhalten der Gase, welche mit dem Blute durch den reizbaren Säugethiermuskel strömen. M. 4 Hlzschn. Ber. 1868. p. 12—72.
Schmiedeberg, O. Untersuchungen über einige Giftwirkungen am Froschherzen. M. 1 Hlzschn. Ber. 1870. p. 130—141.
—— Ueber die Innervationsverhältnisse des Hundeherzens. M. 3 Tfln. Ber. 1871. p. 148—170.
Schmulewitsch, Jac. Neue Versuche über Gallenabsonderung. Ber. 1868. p. 128.
Schulze, L. R. Elemente des ersten Cometen vom Jahre 1830 mit Berücksichtigung von 319 Beobachtungen. Ber. 1872. Anhang p. 1—56.
Schur, Friedrich. Die Lösung eines Paradoxons, welches bei der Construction der Flächen n^{ter} Ordnung aus gegebenen Punkten auftritt. Ber. 1883. p. 59—60.
—— Zur Theorie der Flächen dritter Ordnung. Ber. 1884. p. 128—131.
Schwalbe, Gust. Alb. Ueber die Lymphbahnen der Netzhaut und des Glaskörpers. Ber. 1872. p. 142—143.
Schweigger-Seidel, F. und Dogiel, J. Ueber die Peritonealhöhle bei Fröschen und ihren Zusammenhang mit dem Lymphgefässsystem. M. 1 Tfl. Ber. 1866. p. 247—255.
—— Die Behandlung der thierischen Gewebe mit Argent. nitric. Ueber Epithelien sowie über die v. Recklinghausen'schen Saftkanälchen, als die vermeintlichen Wurzeln der Lymphgefässe. M. 1 Tfl. Ber. 1866. p. 329—352.
—— und Ludwig, C. Ueber das Centrum tendineum des Zwergfelles. M. 1 Tfl. Ber. 1866. p. 362—369.
—— und Schmidt, Alex. Einige Bemerkungen über die rothen Blutkörperchen. Ber. 1867. p. 190—199.
—— Ueber die Grundsubstanz und die Zellen der Hornhaut des Auges. M. 2 Tfln. Ber. 1869. p. 305—359.
Seebeck, August. Ueber die Schwingungen gespannter und nicht gespannter Stäbe. Ber. 1847. p. 159—164.
—— Ueber die Töne steifer Saiten. Ber. 1847. p. 363—370.
—— Ueber die Interferenz der Wärmestrahlen. Ber. 1848. p. 182—185.
—— Ueber die Querschwingungen gespannter und nicht gespannter elastischer Stäbe. Abh. Bd. I. (1849). p. 131—168.
Segre, Corrado. Sur un cas particulier de la surface de Kummer. Lettre à K. Rohn. Ber. 1884. p. 132—135.
Slavjansky, Kronid. Die regressiven Veränderungen der Epithelialzellen in der serösen Hülle des Kanincheneies. M. 1 Tfl. Ber. 1872. p. 247—252.

Slavjansky, Kronid. Ueber die Abhängigkeit der mittleren Strömung des Blutes von dem Erregungsgrade der sympathischen Gefässnerven. M. 2 Hlzschn. Ber. 1873. p. 665—694.

Stahel, Hans und Braune, Wilh. Ueber das Verhältniss der Lungen, als zu ventilirenden Lufträumen, zu den Bronchien als luftzuleitenden Röhren. M. 1 Hlzschn. Ber. 1885. p. 326—332.

Staude, O. Ueber die Construction des Ellipsoides mittels eines geschlossenen Fadens. M. 4 Hlzschn. Ber. 1882. p. 5—20.

Stirling, William. Ueber die Summation elektrischer Hautreize. M. 15 Hlzschn. Ber. 1874. p. 372—440.

—— Beiträge zur Anatomie der Cutis des Hundes. M. 2 Tfln. Ber. 1875. p. 221—231.

Tappeiner, H. Ueber die Zersetzung des Eiweisses unter der Einwirkung des übermangansauren Kali's. Ber. 1871. p. 171—173.

—— Ueber den Zustand des Blutstroms nach Unterbindung der Pfortader. M. 1 Hlzschn. Ber. 1872. p. 193—246.

Thomae, J. Ueber eine einfache Aufgabe aus der Theorie der Elasticität. Ber. 1885. p. 399—418.

Tiegel, E. Ueber den Einfluss einiger willkürlich Veränderlichen auf die Zuckungshöhe des untermaximal gereizten Muskels. M. 14 Hlzschn. Ber. 1875. p. 81—130.

Tschiriew, S. Die Unterschiede der Blut- und Lymphgase des erstickten Thieres. Ber. 1874. p. 120—131.

—— Der tägliche Umsatz der verfütterten und der transfundirten Eiweissstoffe. Ber. 1874. p. 444—456.

Ustimowitsch, C. Experimentelle Beiträge zur Theorie der Harnabsonderung. Ber. 1870. p. 430—470.

Vogel, H. C. Untersuchungen über das Spectrum des Nordlichts. M. 1 Tfl. Ber. 1871. p. 285—299.

—— Resultate spectralanalytischer Untersuchungen an Gestirnen. M. 2 Hlzschn. Ber. 1871. p. 635—654.

—— Ueber die Absorption der chemisch wirksamen Strahlen in der Atmosphäre der Sonne. Ber. 1872. p. 133—141.

—— Ueber ein Spectroskop zur Beobachtung lichtschwacher Sterne, und einige damit ausgeführte Beobachtungen. M. 1 Tfl. u. 3 Hlzschn. Ber. 1873. p. 538—561.

Volkmann, Alfred Wilhelm. Ueber einige Probleme der Haemodynamik und deren Lösbarkeit. M. 1 Hlzschn. Ber. 1849. p. 75—78.

—— Physiologische Untersuchung über die Abhängigkeit des Pulses der Lymphherzen vom Nervensysteme. Ber. 1849. p. 133—135.

—— Ueber das Zustandekommen der Muskelcontractionen im Verlaufe der Zeit. M. 1 Hlzschn. Ber. 1851. p. 1—5.

—— Ueber die Kraft, welche in einem gereizten Muskel des animalen Lebens thätig ist. Ber. 1851. p. 54—61.

—— Ueber einige Gesichtsphaenomene, welche mit dem Vorhandensein eines unempfindlichen Flecks im Auge zusammenhängen. M. 3 Tfln. Ber. 1853. p. 27—50.

—— Versuche über Muskelreizbarkeit. Ber. 1856. p. 1—10.

—— Ueber Irradiation. M. 1 Tfl. u. 1 Hlzschn. Ber. 1857. p. 129—143.

Volkmann, Alfred Wilhelm. Ueber den Einfluss der Uebung auf das Erkennen räumlicher Distanzen. M. 2 Tfln. u. 1 Hlzschn. Ber. 1858. p. 38—69.
— Ueber das Vermögen, Grössenverhältnisse zu schätzen. M. 1 Tfl. Ber. 1858. p. 173—204.
— Das Tachistoskop, ein Instrument, welches bei Untersuchung des momentanen Sehens den Gebrauch des elektrischen Funkens ersetzt. M. 2 Hlzschn. Ber. 1859. p. 90—98.
— Zur Mechanik der Augenmuskeln. M. 6 Hlzschn. Ber. 1869. p. 28—69.
— Zur Theorie der Muskelkräfte. Ber. 1870. p. 57—70.
— Ueber die relativen Gewichte der menschlichen Knochen. Ber. 1873. p. 267—274.
— Ueber die näheren Bestandtheile der menschlichen Knochen. Ber. 1873. p. 275—303.
— Untersuchungen über das Mengenverhältniss des Wassers und der Grundstoffe des menschlichen Körpers. Ber. 1874. p. 202—247.

Weber, Eduard Friedrich. Ueber die Gewichtsverhältnisse der Muskeln des menschlichen Körpers im Allgemeinen. Ber. 1849. p. 79—86.
— Ueber ein Verfahren, den Kreislauf des Blutes und die Function des Herzens willkürlich zu unterbrechen. Ber. 1850. p. 29—48.
— Ueber den Mechanismus des Gehörorgans. Ber. 1851. p. 29—31.
— Ueber die Längenverhältnisse der Fleischfasern der Muskeln im Allgemeinen. Ber. 1851. p. 63—86.
— Kritische und experimentelle Widerlegung der von Volkmann gegen die Untersuchungen des Verfassers über die Elasticität der Muskeln aufgestellten Einwürfe und Beobachtungen. M. 1 Hlzschn. Ber. 1856. p. 167—195.

Weber, Ernst Heinrich. Untersuchung der Wirkungen, welche die magnetoelektrische Reizung der Blutgefässe bei lebenden Thieren hervorbringt. Ber. 1846. p. 91—96.
— Ueber den Einfluss der Erwärmung und Erkältung der Nerven auf ihr Leitungsvermögen. Ber. 1847. p. 175—187.
— Ueber den Mechanismus des Einsaugens des Speisesaftes beim Menschen und bei einigen Thieren. Ber. 1847. p. 245—247.
— Ueber den Descensus testiculorum bei dem Menschen und bei einigen Säugethieren. Ber. 1847. p. 247—250.
— Ueber die Tastorgane als die allein fähigen uns die Empfindungen von Wärme, Kälte und Druck zu verschaffen. Ber. 1847. p. 353—365.
— Beiträge zur Anatomie und Physiologie des Bibers, castor fiber. Ber. 1848. p. 185—200.
— Ueber die Umstände, durch welche man geleitet wird, Empfindungen auf äussere Objekte zu beziehen. Ber. 1848. p. 226—237.
— Ueber die Abhängigkeit der Entstehung der animalischen Muskeln von der der animalischen Nerven, erläutert durch eine von ihm und Eduard Weber untersuchte Missbildung. Ber. 1849. p. 136—151.

Weber, Ernst Heinrich. Zusätze zu seinen Untersuchungen über den Bau der Leber. M. 1 Tfl. Ber. 1849. p. 151—189.
— Ueber die periodische Farbenveränderung, welche die Leber der Hühner und der Frösche erleidet. Ber. 1850. p. 15—28.
— Einige Bemerkungen über den Bau des Seehundes, phoca vitulina, und namentlich auch über die Einrichtungen, die sich auf die Erhaltung und Erzeugung der hohen Temperatur des im kalten Wasser lebenden Thieres und auf den Gebrauch der Augen in der Luft und im Wasser beziehen. Ber. 1850. p. 108—129.
— Ueber die Anwendung der Wellenlehre auf die Lehre vom Kreislauf des Blutes und insbesondere auf die Pulslehre. M. 1 Tf. Ber. 1850. p. 164—204.
— Ueber den Raumsinn und die Empfindungskreise in der Haut und im Auge. M. 1 Tfl u. 8 Hlzschn. Ber. 1852. p. 85—164.
— Mikroskopische Beobachtungen sehr gesetzmässiger Bewegungen, welche die Bildung von Niederschlägen harziger Körper aus Weingeist begleiten. M. 2 Tfln. Ber. 1854. p. 57—67.
— Ueber ein sehr einfaches Verfahren, durch welches man schon 6 Stunden nach dem Tode den wirklichen Tod vom Scheintode unterscheiden kann, durch Zeichen, welche auch von minder gebildeten Personen nicht verkannt werden können. Ber. 1854. p. 68—81.
— Ueber die Vergleichung einiger Theile der Generationsorgane phanerogamer Gewächse mit entsprechenden Theilen bei den Wirbelthieren. Ber. 1854. p. 81—87.
— Ueber die Fortdauer der Ernährung und des Wachsthums der schon gebildeten Nerven und Muskeln und anderer Theile bei zwei menschlichen Missgeburten, bei welchen das Gehirn und Rückenmark mangelte. M. 1 Tfl. Ber. 1854. p. 136—150.
Weber, Wilhelm. Ueber die Erregung und Wirkung des Diamagnetismus nach den Gesetzen inducirter Ströme. Ber. 1847. p. 346—358.
— Bemerkungen zu Neumann's Theorie inducirter Ströme. Ber. 1849. p. 1—8.
— Elektrodynamische Maassbestimmungen, insbesondere Widerstandsmessungen. Abh. Bd. I. (1851). p. 197—382.
— Elektrodynamische Maassbestimmungen, insbesondere über Diamagnetismus. M. 1 Tfl. Abh. Bd. I. (1852). p. 483—577.
— Verbesserung einer Formel in den elektrodynamischen Maassbestimmungen. Ber. 1852. p. 164.
— und Kohlrausch, R. Elektrodynamische Maassbestimmungen, insbesondere Zurückführung der Stromintensitäts-Messungen auf mechanisches Maass. Abh. Bd. III. (1856). p. 219—292. Vorwort bei Uebergabe der Abhandlung. Ber. 1855. p. 55—61.
— Elektrodynamische Maassbestimmungen, insbesondere über elektrische Schwingungen. Abh. Bd. VI. (1864). p. 571—718. Ber. 1863. p. 10—17.
— Theorie der durch Wasser oder andere incompressibele Flüssigkeiten in elastischen Röhren fortgepflanzten Wellen. Ber. 1866. p. 353—357.

Weber, Wilhelm. Elektrodynamische Maassbestimmungen, insbesondere über das Princip der Erhaltung der Energie. Abh. Bd. X. (1871). p. 1—62.
—— Elektrodynamische Maassbestimmungen, insbesondere über die Energie der Wechselwirkung. M. 1 Tfl. Abh. Bd. XI. (1878). p. 641—696.
—— und Zöllner, F. Ueber Einrichtungen zum Gebrauch absoluter Maasse in der Elektrodynamik mit praktischer Anwendung. M. 2 Tfln. Ber. 1880. p. 77—143.
—— Ueber Construction des Bohnenberger'schen Reversionspendels, zur Bestimmung der Pendellänge für eine bestimmte Schwingungsdauer im Verhältniss zu einem gegebenen Längenmaass. Ber. 1883. p. 7—17.
Weigelt, Curt und Knop. Versuche über die Vegetation des Strandhafers in kalihaltigen und kalifreien, ferner in chlor-, jod- und bromhaltigen und natronhaltigen Nährstofflösungen. Ber. 1869. p. 24—27.
Weiss, E. und Bruhns, C. Bestimmung der Längendifferenz zwischen Leipzig und Wien. Abh. Bd. X. (1872). p. 203—270.
Wiedemann, Eilhard. Ueber die elliptische Polarisation des Lichtes und ihre Beziehungen zu den Oberflächenfarben der Körper. Ber. 1872. p. 263—309.
—— Ueber das von übermangansaurem Kali reflectirte Licht. Ber. 1873. p. 367—370.
—— Ueber die Leitungsfähigkeit der Haloidverbindungen des Bleies. Ber. 1874. p. 112—113.
—— und Frey, M. von. Ueber die Verwendung der Holtz'schen Maschine zu physiologischen Reizversuchen. M. 1 Hlzschn. Ber. 1885. p. 181—188.
Wiedemann, Gustav und Rühlmann, R. Ueber den Durchgang der Elektricität durch Gase. M. 2 Tfln. Ber. 1871. p. 333—385.
—— Ueber die Bindungsverhältnisse der Basen und Säuren. M. 1 Tfl. Ber. 1873. p. 374—395.
—— Ueber die Gesetze des Durchgangs der Elektricität durch Gase. M. 1 Tfl. Ber. 1876. p. 1—58.
Wilm, ... und Wischin, .. Ueber Carbanilidsäure. Ber. 1868. p. 9—11.
Woroschiloff, Konst. Der Verlauf der motorischen und sensiblen Bahnen durch das Lendenmark des Kaninchen. M. 11 Hlzschn. u. 17 Tfln. Ber. 1874. p. 248—304.
Zirkel, Ferdinand. Die Zusammensetzung des Kersantons. Ber. 1875. p. 199—208.
—— Die Structur der Variolite. Ber. 1875. p. 209—220.
—— Ueber die krystallinischen Gesteine längs des 40. Breitegrades in Nordwest-Amerika. Ber. 1877. p. 156—243.
Zöllner, Friedrich. Ueber ein neues Spectroskop nebst Beiträgen zur Spectralanalyse der Gestirne. Ber. 1869. p. 70—81.
—— Ueber Beobachtung von Protuberanzen. M. 1 Tfl. Ber. 1869. p. 143—148.

Zöllner, Friedrich. Ueber eine neue Methode zur Messung anziehender und abstossender Kräfte. Ber. 1869. p. 281—284.
—— Ueber die Temperatur und physische Beschaffenheit der Sonne. M. 1 Tfl. Ber. 1870. p. 103—123.
—— Ueber den Einfluss der Dichtigkeit und Temperatur auf die Spectra glühender Gase. Ber. 1870. p. 233—253.
—— Ueber das Spectrum des Nordlichtes. M. 1 Hlzschn. Ber. 1870. p. 254—260.
—— Ueber die Periodicität und heliographische Verbreitung der Sonnenflecken. Ber. 1870. p. 338—350.
—— Ueber das Rotationsgesetz der Sonne und der grossen Planeten. M. 1 Hlzschn. u. 1 Tfl. Ber. 1871. p. 49—113.
—— Ueber die Stabilität kosmischer Massen und die physische Beschaffenheit der Cometen. M. 2 Tfln. Ber. 1871. p. 174—237.
—— Ueber die spectroskopische Beobachtung der Rotation der Sonne und ein neues Reversionsspectroskop. Ber. 1871. p. 300—306.
—— Ueber das Nordlicht in seiner Beziehung zur Wolkenbildung. Ber. 1871. p. 329—332.
—— Ueber den Ursprung des Erdmagnetismus und die magnetischen Beziehungen der Weltkörper. M. 1 Tfl. Ber. 1871. p. 479—575.
—— Ueber die elektrische und magnetische Fernewirkung der Sonne. Ber. 1872. p. 116—128.
—— Ueber das spectroskopische Reversionsfernrohr. M. 1 Tfl. Ber. 1872. p. 129—134.
—— Zur Geschichte des Horizontalpendels. M. 2 Hlzschn. Ber. 1872. p. 183—192.
—— Ueber den Zusammenhang von Sternschnuppen und Cometen. Ber. 1872. p. 310—316.
—— Ueber die durch strömendes Wasser erzeugten elektrischen Ströme. Ber. 1872. p. 317—326.
—— Ueber die Temperatur und physische Beschaffenheit der Sonne. Zweite Abhandlung. M. 1 Hlzschn. Ber. 1873. p. 158—194.
—— Ueber den Aggregatzustand der Sonnenflecken. Ber. 1873. p. 505—522.
—— Ueber ein einfaches Ocularspectroskop für Sterne. M. 1 Hlzschn. Ber. 1874. p. 24—25.
—— Ueber einen elektrodynamischen Versuch. Ber. 1874. p. 114—119.
—— Ueber die physikalischen Beziehungen zwischen hydrodynamischen und elektrodynamischen Erscheinungen. M. 2 Tfln. Ber. 1876. p. 59—226. Nachtrag. p. 240—252.
—— Zur Widerlegung des elementaren Potentialgesetzes von Helmholtz durch elektrodynamische Versuche mit geschlossenen Strömen. M. 1 Tfl. Ber. 1876. p. 227—239.
—— und Weber, Wilh. Ueber Einrichtungen zum Gebrauch absoluter Maasse in der Elektrodynamik mit praktischer Anwendung. M. 2 Tfln. Ber. 1880. p. 77—143.

II. Sachregister.

Abbildung. Note über conforme Abbildung gewisser sphärischer Dreiecke durch algebraische Functionen. O. Fischer. Ber. 1884. p. 17.
—— Zur Theorie der conformen Abbildung einer ebenen Fläche auf eine Kreisfläche. Neumann. Ber. 1877. p. 454.
Abel'sche Relationen. Ueber die Abel'schen Relationen für die Theilwerthe der elliptischen Functionen. Engel. Ber. 1884. p. 32.
Abscisse und Ordinate. Historische Bemerkungen über dieselben. Baltzer. Ber. 1865. p. 5.
Absorption. Ueber die Absorption des Lichtes in den eigenen Flammen. Hankel. Ber. 1874. p. 307.
—— Messungen über die Absorption der chemischen Strahlen des Sonnenlichtes. Hankel. Abh. Bd. VI. (1862). p. 53.
Abstände. Ueber die kürzesten und weitesten Abstände eines gegebenen Punktes von einer gegebenen Oberfläche und die dritte Variation in den Problemen des gewöhnlichen Maximums und Minimums. Mayer. Ber. 1884. p. 28.
Abstossende und anziehende Kräfte. Ueber eine neue Methode zur Messung derselben. Zöllner. Ber. 1869. p. 281.
Abweichungssumme. Ueber den Ausgangswerth der kleinsten Abweichungssumme, dessen Bestimmung, Verwendung und Verallgemeinerung. Fechner. Abh. Bd. XI. (1874). p. 1.
Aequatoreal. Die Theorie des Aequatoreals. Hansen. Abh. Bd. II. (1855). p. 431.
Aequivalente Länge Knochenhauer's. Ueber die Theorie der Stromverzweigung bei der oscillatorischen elektrischen Entladung und die »Aequivalente Länge« Knochenhauer's. Feddersen. Ber. 1866. p. 231.
Aesthetik. Zur experimentalen Aesthetik. Th. I. Fechner. Abh. Bd. IX. (1871). p. 553.
Aktino- und piezoelektrische Eigenschaften des Bergkrystalles und ihre Beziehungen zu den thermoelektrischen. Hankel. Ber. 1881. p. 52. Abh. Bd. XII. (1881). p. 457.
Aktino- und Thermoelektricität des Bergkrystalles. Hankel. Ber. 1883. p. 35.
Alaun. Wirkungsweise als Beizmittel beim Färben der Baumwolle. Erdmann und Millenzwey. Ber. 1859. p. 99.

Albit. Thermoelektrische Eigenschaften. Hankel. Ber. 1875. p. 187. Abh. Bd. XI. (1875). p. 531.
Algebraische Functionen. Ueber eine besondere Gattung derselben. Schlömilch. Ber. 1872. p. 26.
Alkali. Ueber den Gehalt des Blutes an kohlensaurem Alkali. Lehmann. Ber. 1846. p. 96.
Alter des Menschen. Ueber die Begründung eines Gesetzes zur Bestimmung des scheinbaren Alters des Menschen aus äusseren Merkmalen und den gesetzlichen Zusammenhang des scheinbaren Alters mit dem wirklichen. Drobisch. Ber. 1846. p. 105.
Amerika. Ueber die krystallinischen Gesteine längs des 40. Breitegrades in Nordwest-Amerika. Zirkel. Ber. 1877. p. 156.
Ammoniak. Ueber directe Verwandlung des kohlensauren Ammoniaks in Harnstoff. Basaroff. Ber. 1868. p. 97.
—— Ueber die Erzeugung und Ausscheidung von zweifach harnsaurem Ammoniak durch die Larve der Kleidermotte. Knop. Ber. 1884. p. 9.
Ammoniakverbindungen. Bestimmung des Stickstoffs in denselben. Knop. Ber. 1870. p. 11.
Ammonites galeatus. Ueber die logarithmische Spirale von Ammonites galeatus. Naumann. Ber. 1848. p. 26.
—— Ramsaueri. Ueber die innere Spirale von Ammonites Ramsaueri. Naumann. Ber. 1864. p. 21.
Ampère'sches Gesetz. Ueber dasselbe. Neumann. Ber. 1876. p. 256.
Amphibolite. Einige Bemerkungen über die chemische Constitution der Amphibolite und Augite, besonders in Bezug auf Rammelsberg's neueste Analysen hierher gehöriger Species. Scheerer. Ber. 1858. p. 109.
Amyloxyd. Ueber die Wirkung des salpetrigsauren Amyloxyds auf den Blutstrom. Lauder Brunton. Ber. 1869. p. 285.
Analysis situs. Beiträge zur Analysis situs. 1. Mittheilung. Dyck. Ber. 1885. p. 314.
Angiopteris. Ueber den Bau von Angiopteris. Mettenius. Abh. Bd. VI. (1863). p. 499.
Anguillula. Ueber die Lebensgeschichte der sogenannten Anguillula stercoralis und deren Beziehungen zu der sogenannten Anguillula intestinalis. Leuckart. Ber. 1882. p. 85.
Anpassung der Gefässe an grosse Blutmengen. L. Lesser. Ber. 1874. p. 133.
Anziehende und abstossende Kräfte. Ueber eine neue Methode zur Messung anziehender und abstossender Kräfte. Zöllner. 1869. p. 281.
Anziehung zwischen einem Eisenkern und einer ihn umgebenden elektrischen Spirale. Hankel. Ber. 1850. p. 78.
Apatit. Thermoelektrische Eigenschaften. Hankel. Ber. 1878. p. 33. Abh. Bd. XII. (1878). p. 3.
Apollonius. Ueber die im fünften Buche der Conica des Apollonius behandelte Aufgabe. Drobisch. Ber. 1856. p. 103.
—— Ueber Legendre's Auflösung der Apollonischen Aufgabe. Möbius. Ber. 1856. p. 113.

Apophyllit. Thermoelektrische Eigenschaften. Hankel. Ber. 1874. p. 471. Abh. Bd. XI. (1875). p. 360.

Aragonit. Thermoelektrische Eigenschaften. Hankel. Abh. Bd. X. (1872). p. 343.

Arsenik. Ueber das Auftreten und die Ermittelung desselben im thierischen Körper. Marchand. Ber. 1849. p. 86.

Arterieller Druck. Abhängigkeit desselben von der Blutmenge. W. Müller. Ber. 1873. p. 573.

Arterien. Ueber die Erweiterung von Arterien in Folge einer Nervenerregung. Lovén. Ber. 1866. p. 85.

—— Ueber die motorischen Nerven der Arterien, welche innerhalb der quergestreiften Muskeln verlaufen. Haflz. Ber. 1870. p. 115.

Associatives Princip Hamilton's. Neuer Beweis desselben bei der Zusammensetzung von Bogen grösster Kreise einer Kugelfläche. Möbius. Ber. 1859. p 138.

Astronomische Preisaufgabe der Fürstlich Jablonowski'schen Gesellschaft für d. J. 1848. Ber. 1846. p. 115.

Asymptotische Werthe der Coefficienten in den nach der mittleren Anomalie vorgenommenen Entwickelungen. Scheibner. Ber. 1856. p. 40.

Athmung innerhalb des Blutes. 2. Abh. Schmidt. Ber. 1867. p. 99.

—— in der Lunge. J. J. Müller. Ber. 1869. p. 149.

Athmungsgase. Ueber die Maassbestimmung derselben durch ein neues Verfahren. Kowalewsky. Ber. 1866. p 111.

Atmosphärische Elektricität. Messung derselben (nach absolutem Maass). Hankel. Ber. 1852. p. 74. Abh. Bd. III. (1856). p. 379.

Auerbach. Ueber den Auerbach'schen Plexus myentericus. Gerlach. Ber. 1873. p. 1.

Auge. Ueber einige Gesichtsphaenomene, welche mit dem Vorhandensein eines unempfindlichen Flecks im Auge zusammenhängen. Volkmann. Ber. 1859. p. 27.

—— Ueber die Empfindungskreise in demselben. E. H. Weber. Ber. 1852. p. 85.

—— Ueber die Grundsubstanz und die Zellen der Hornhaut des Auges. Schweigger-Seidel. Ber. 1869. p. 305.

—— Ueber den Einfluss der Raddrehungen der Augen auf die Wahrnehmung der Tiefendimension. J. J. Müller. Ber. 1871. p. 125.

Augenmuskeln. Zur Mechanik derselben. Volkmann. Ber. 1869. p. 28.

Augite. Ueber die chemische Constitution derselben. Scheerer. Ber. 1858. p. 109.

Ausgleichung eines Dreiecksnetzes. Kurz gefasste, rationelle Anleitung zur Ausgleichung eines Dreiecksnetzes, nach der Abhandlung »Von der Methode der kleinsten Quadrate«. Hansen. Ber. 1868. p. 129. Entwickelung eines neuen veränderten Verfahrens zur Ausgleichung eines Dreiecksnetzes mit besonderer Betrachtung des Falles, in welchem gewisse Winkel vorausbestimmte Werthe bekommen sollen. Hansen. Abh. Bd. IX. (1869). p. 185.

Axinit. Thermoelektrische Eigenschaften. Hankel. Ber. 1875. p. 38. Abh. Bd. XII. (1878). p. 46.

Aztekenkinder. Ueber die sogenannten Aztekenkinder. Carus. Ber. 1856. p. 11.
Bahnbestimmung eines Himmelskörpers aus drei Beobachtungen. Hansen. Ber. 1863. p. 83.
Basen. Ueber die Bindungsverhältnisse der Basen und Säuren. G. Wiedemann. Ber. 1873. p. 371.
Basisapparat. Construction eines Basisapparates. Bruhns. Ber. 1872. p. 352.
Bauchspeichelabsonderung. Zur Physiologie derselben. Bernstein. Ber. 1869. p. 96.
Baumwolle. Wirkungsweise der Beizmittel, namentlich des Alauns, beim Färben derselben. Erdmann und Mittenzwey. Ber. 1859. p. 99.
Befruchtung der Phanerogamen. Uebersicht neuerer Beobachtungen derselben. Hofmeister. Ber. 1856. p. 77.
Beharrungsgesetz. Ueber das Beharrungsgesetz. Lange. Ber. 1885. p. 333.
Beizmittel. Wirkungsweise derselben beim Färben der Baumwolle. Erdmann und Mittenzwey. Ber. 1859. p. 99.
Bergkrystall. Aktino- und piezoelektrische Eigenschaften desselben und ihre Beziehung zu den thermoelektrischen. Hankel. Ber. 1881. p. 52. Abh. Bd. XII. (1881). p. 457.
—— Thermoelektrische Eigenschaften. Hankel. Ber. 1866. p. 75. 1874. p. 469. Abh. Bd. VIII. (1866). p. 321. Bd. XI. (1875). p. 231.
—— Thermo- und Aktinoelektricität. Hankel. Ber. 1883. p. 35.
Beschleunigungen. Ueber die Zusammensetzung der nach dem Weber'schen Gesetz sich ergebenden Beschleunigungen. Neumann. Ber. 1878. p. 12.
Beugungen. Ueber die Beugungen saftreicher Pflanzentheile nach Erschütterung. Hofmeister. Ber. 1859. p. 175.
Bewegung. Ueber die relative Bewegung eines Systems materieller Punkte um den Schwerpunkt. Mayer. Ber. 1879. p. 31.
—— Untersuchungen über die Bewegung eines Systems starrer Körper. Neumann. 1869. p. 132.
——, rollende, eines Körpers auf einer gegebenen horizontalen Ebene unter dem Einfluss der Schwere. Neumann. Ber. 1885. p. 352.
—— Mikroskopische Beobachtungen sehr gesetzmässiger Bewegungen, welche die Bildung von Niederschlägen harziger Körper aus Weingeist begleiten. E. H. Weber. Ber. 1851. p. 57.
Biber. Beiträge zur Anatomie und Physiologie desselben. E. H. Weber. Ber. 1848. p. 185.
Bilder. Dioptrische Entwickelung der Lehre von denselben mit Hülfe der Collineationsverwandtschaft. Möbius. Ber. 1855. p. 8.
Binäre quadratische Formen von negativer Determinante. Klassenzahlenrelationen derselben. Hurwitz. Ber. 1884. p. 193.
Binäre Grundform. Ueber eine allgemeine Gattung irrationaler Invarianten und Covarianten für eine binäre Grundform geraden Grades. Hilbert. Ber. 1885. p 427.
Bindungsverhältnisse der Basen und Säuren. G. Wiedemann. Ber. 1873. p. 371.

Binoculares Sehen. Ueber einige Verhältnisse desselben. Fechner. Abh. Bd. V. (1860). p. 337.
Blätter. Ueber das abwechselnde Erbleichen und Dunkelwerden der Blätter bei verschiedener Beleuchtung. Sachs. Ber. 1859. p. 226.
—— Studien über die Siebröhren der Dicotylen-Blätter. A. Fischer. Ber. 1885. p. 245.
Blausäure. Zur Kenntniss der Wirkung derselben. Funke. Ber. 1859. p. 28.
Blei. Ueber die Leitungsfähigkeit der Haloidverbindungen des Bleies. E. Wiedemann. Ber. 1874. p. 112.
Blut. Einige vergleichende Analysen des Blutes der Pfortader und der Lebervenen. Lehmann. Ber. 1850. p. 131.
—— Untersuchungen über die Constitution des Blutes verschiedener Gefässe und den Zuckergehalt derselben insbesondere. Lehmann. Ber. 1855. p. 87.
—— Ueber den Gehalt desselben an kohlensaurem Alkali. Lehmann. Ber. 1846. p. 96.
—— Welcher Bestandtheil des Erstickungsblutes vermag den diffundirbaren Sauerstoff zu binden? Afonassiew. Ber. 1872. p. 253.
—— Ueber den krystallisirbaren Stoff desselben. Lehmann. Ber. 1852. p. 78.
—— Weitere Mittheilungen über die krystallisirbare Proteinsubstanz desselben. Lehmann. Ber. 1853. p. 101.
—— Athmung innerhalb des Blutes. 2. Abhandlung. Schmidt. Ber. 1867. p. 99.
—— Austausch an Gasen zwischen arteriellem und venösem Blut. Bernstein. Ber. 1870. p. 124.
—— Vorkommen von Carbaminsäure in demselben. Drechsel. Ber. 1875. p. 172.
—— Ueber die Zusammensetzung und das Schicksal der in das Blut eingetretenen Nährfette. Röhrig. Ber. 1874. p. 1.
Blutbahnen. Zur näheren Kenntniss der Blut- und Lymphbahnen der Dura mater cerebralis. Michel. Ber. 1872. p. 331.
Blutcapillaren. Ueber den Druck in den Blutcapillaren der menschlichen Haut. v. Kries. Ber. 1875. p. 149.
Blutgase. Die Unterschiede der Blut- und Lymphgase des erstickten Thieres. Tschiriew. Ber. 1874. p. 120.
Blutgefässe. Untersuchung der Wirkungen, welche die magnetoelektrische Reizung der Blutgefässe bei lebenden Thieren hervorbringt. E. H. Weber. Ber. 1846. p. 91.
—— Ein Verfahren, um die Blutgefässe der Coleopteren auszuspritzen. Moseley. Ber. 1874. p. 276.
—— Ueber die Blutgefässe des Dünndarmes. Heller. Ber. 1872. p. 165.
Blutkörperchen. Ueber die Krystallisirbarkeit eines der Hauptbestandtheile derselben. Lehmann. Ber. 1852. p. 23.
—— Ueber Kohlensäure in denselben. Schmidt. 1. Abh. Ber. 1867. p. 30.
—— Einige Bemerkungen über die rothen Blutkörperchen. Schmidt und Schweigger-Seidel. Ber. 1867. p. 190.

Blutkreislauf. Ueber ein Verfahren, den Blutkreislauf und die Function des Herzens willkürlich zu unterbrechen. E. F. Weber. Ber. 1850. p. 29.
—— Anwendung der Wellenlehre auf die Lehre vom Blutkreislauf. E. H. Weber. Ber. 1850. p. 164.
Blutmenge. Abhängigkeit des arteriellen Druckes von der Blutmenge. W. Muller. Ber. 1873. p. 573.
Blutscheiben. Ueber die Spannung des Sauerstoffs derselben. W. Müller. Ber. 1870. p. 351.
Blutserum. Neue Methode zur Bestimmung des Kalkes und der Phosphorsäure im Blutserum. Ber. 1871. p. 279.
—— Ueber die Bestimmung der Minerale desselben durch directe Fällung. Gerlach. Ber. 1872. p. 349.
Blutstrom. Von den Folgen des beschleunigten Blutstroms für die Absonderung des Speichels. Giannuzzi. Ber. 1865. p. 68.
—— Ueber den Zustand desselben nach Unterbindung der Pfortader. Tappeiner. Ber. 1872. p. 193.
—— Ueber den Blutstrom in den ruhenden, verkürzten und ermüdeten Muskeln des lebenden Thieres. Sadler. Ber. 1869. p. 189.
—— Zur Physiologie und Anatomie des Blutstroms in der Trommelhöhle. Prussak. Ber. 1868. p. 101.
—— Ueber die Abhängigkeit der Lymphabsonderung vom Blutstrom. Emminghaus. Ber. 1873. p. 396.
—— Ueber die Abhängigkeit der mittleren Strömung des Blutes von dem Erregungsgrade der sympathischen Gefässnerven. Slavjansky. Ber. 1873. p. 665.
—— Ueber den Einfluss des gereizten n. splanchnicus auf den Blutstrom innerhalb und ausserhalb seines Verbreitungsbezirkes. v. Basch. Ber. 1875. p. 373.
—— Ueber die Wirkung des salpetrigsauren Amyloxyds auf denselben. Lauder-Brunton. Ber. 1869. p. 285.
Blutvolumina. Die Ausmessung der strömenden Blutvolumina. Dogiel. Ber. 1867. p. 200.
Bobylew'scher Satz. Verallgemeinerung desselben. Neumann. Ber. 1880. p. 22.
Bodenmiller'scher Satz. Zwei rein geometrische Beweise desselben. Möbius. Ber. 1854. p. 87.
Bohnenberger'sches Reversionspendel. Ueber Construction desselben, zur Bestimmung der Pendellänge für eine bestimmte Schwingungsdauer im Verhältniss zu einem gegebenen Längenmaasse. W. Weber. Ber. 1883. p. 7.
Bond. Nachricht von der Entdeckung und den ersten Beobachtungen des Cometen von Bond. d'Arrest. Ber. 1850. p. 105.
Boracit. Thermoelektrische Eigenschaften. Hankel. Abb. Bd. IV. (1857). p. 149.
Brechung eines unendlich dünnen regulären Strahlenbündels. Neumann. 1880. p. 42.
Brom. Versuche über die Vertretung des Chlors (als Pflanzennährstoff) durch Brom und Jod. Knop und Dircks. Ber. 1869. p. 20.

Bronchien. Ueber das Verhältniss der Lungen, als zu ventilirender Lufträume, zu den Bronchien als luftzuleitenden Röhren. Braune und Stahel. Ber. 1883. p. 326.

Brucit. Thermoelektrische Eigenschaften. Hankel. Ber. 1878. p. 35. Abh. Bd. XII. (1878). p. 20.

Bruhns'scher Comet von 1853. Ueber die Bahn desselben. d'Arrest. Ber. 1853. p. 191.

Carbaminsäure. Ueber das Vorkommen derselben im Blute. Drechsel. Ber. 1875. p. 172.

Carbanalidsäure. Ueber dieselbe. Wilm und Wischin. Ber. 1868. p. 9.

Castor fiber. Beiträge zur Anatomie und Physiologie desselben. E. H. Weber. Ber. 1848. p. 185.

Castoreum. Ueber das chemische Verhalten des russischen und canadischen Castoreum und des Smegma praeputii des Pferdes. Lehmann. Ber. 1848. p. 200.

Cauchy. Beiträge zur Theorie des Cauchy'schen Integrales. Harnack. Ber. 1885. p. 379.

Causalgesetz. Ueber dasselbe. Fechner. Ber. 1849. p. 98.

Cellulose. Ueber die Verdaulichkeit der Cellulose und des Chitins, sowie über deren etwaigen Werth für die Ernährung gewisser Thiere. Lehmann und Gerlich. Ber. 1856. p. 35.

Centripetale Fasern des Rückenmarkes. Ein neuer Beweis für die Reizbarkeit derselben. Dittmar. Ber. 1870. p. 18.

Centrische Flächen. Ueber die Complanation der centrischen Flächen zweiter Ordnung. Schlömilch. Ber. 1862. p. 23.

Centrum tendineum. Ueber das Centrum tendineum des Zwergfelles. Ludwig und Schweigger-Seidel. Ber. 1866. p. 362.

Cerussit. Thermoelektrische Eigenschaften. Hankel. Ber. 1881. p. 67. Abh. Bd. XII. (1882). p. 575.

Chemische Strahlen des Sonnenlichtes. Messungen über die Absorption derselben. Hankel. Abh. Bd. VI. (1862). p. 53.

—— —— Ueber die Absorption der chemisch wirksamen Strahlen in der Atmosphäre der Sonne. Vogel. Ber. 1872. p. 135.

Chitin. Ueber die Verdaulichkeit der Cellulose und des Chitins, sowie über deren etwaigen Werth für die Ernährung gewisser Thiere. Lehmann und Gerlich. Ber. 1856. p. 35.

Chlor. Versuche über die Bedeutung desselben (als Nährstoff) für die Pflanze. Knop. Ber. 1869. p. 14.

—— Versuche über die Vertretung des Chlors (als Pflanzennährstoff) durch Brom und Jod. Knop und Dircks. Ber. 1869. p. 20.

Chlorophyllkörner. Versuche über die Wirkung der Eisensalze auf dieselben. Knop. Ber. 1869. p. 2.

Chlorotische Pflanzen. Versuche an denselben. Knop. Ber. 1869. p. 6.

Coefficienten. Ueber die asymptotischen Werthe der Coefficienten in den nach der mittleren Anomalie vorgenommenen Entwickelungen. Scheibner. Ber. 1856. p. 40.

Coelestin. Thermoelektrische Eigenschaften. Hankel. Ber. 1878. p. 35. Abh. Bd. XII. (1878). p. 23.
Coleopteren. Ein Verfahren, um die Blutgefässe derselben auszuspritzen. Moseley. Ber. 1871. p. 276.
Collineare Involution von Punktenpaaren in einer Ebene und im Raume. Theorie derselben. Möbius. Ber. 1856. p. 143.
Comet I. 1830. Ueber die von L. R. Schultze abgeleiteten Elemente desselben. Bruhns. Ber. 1872. p. 370.
—— I. 1830. Elemente desselben mit Berücksichtigung von 319 Beobachtungen. Schulze. Ber. 1872. Anhang. p. 15.
—— II. 1849. Mittheilung über denselben. d'Arrest. 1849. p. 121.
—— I..1850. d'Arrest. Ber. 1850. p. 49.
—— von Bond (1850). Nachricht von der Entdeckung und den ersten Beobachtungen desselben. d'Arrest. Ber. 1850. p. 105.
—— Bruhns'scher von 1853. Ueber die Bahn desselben. d'Arrest. Ber. 1853. p. 191.
Cometen. Ueber die Stabilität kosmischer Massen und die physische Beschaffenheit der Cometen. Zöllner. Ber. 1871. p. 174.
—— Ueber die Gruppirung der periodischen Cometen. d'Arrest. Ber. 1851. p. 31.
—— Ueber den Zusammenhang von Sternschnuppen und Cometen. Zöllner. Ber. 1872. p. 310.
Complanation der centrischen Flächen 2ter Ordnung. Schlömilch. Ber. 1862. p. 23.
—— verschiedener Flächen. Schlömilch. Ber. 1866. p. 88.
—— gewisser Fusspunktsflächen. Schlömilch. Ber. 1862. p. 51.
Complexe Multiplication. Zur Theorie der complexen Multiplication der elliptischen Functionen. Pick. Ber. 1885. p. 15.
Complexe Variabelen. Ueber die Entwickelung von Functionen complexer Variabelen in Facultätenreihen. Schlömilch. Ber. 1863. p. 58.
Conchospirale. Ueber die cyclocentrische Conchospirale und über das Windungsgesetz von Planorbis corneus. Naumann. Ber. 1847. p. 164. Abh. Bd. I. (1849). p. 169.
Conforme Abbildung gewisser sphärischer Dreiecke durch algebraische Functionen. O. Fischer. Ber. 1884. p. 17.
—— —— einer ebenen Fläche auf eine Kreisfläche. Neumann. Ber. 1877. p. 154.
Coniin. Zur Kenntniss der Wirkung desselben. Funke. Ber. 1859. p. 23.
Conjugirte Kreise. Möbius. Ber. 1858. p. 1.
Conjunctionen des Mondes und der Sonne. Ecliptische Tafeln für dieselben. Hansen. Ber. 1857. p. 75.
Constante. Ueber die Helmholtz'sche Constante k. Neumann. Ber. 1874. p. 132.
Contrastempfindungen. Ueber dieselben. Ber. 1860. p. 71.
Convergenzsätze. Ueber einige allgemeine Convergenzsätze. Scheibner. Ber. 1873. p. 568.
Coordinaten. Ueber die peripolaren Coordinaten. Neumann. Ber. 1877. p. 134. Abh. Bd. XII. (1880). p. 363.

Coordinatensystem. Ueber ein neues Coordinatensystem. Hansen. Ber. 1851. p. 39.
Correctionen. Ueber die Correctionen bezüglich der Genauigkeitsbestimmung der Beobachtungen, der Bestimmung der Schwankungen meteorologischer Einzelwerthe um ihren Mittelwerth, und der psychophysischen Maassbestimmungen nach der Methode der mittleren Fehler. Fechner. Ber. 1861. p. 57.
Correspondirende Flächenelemente. Zwei Sätze über correspondirende Flächenelemente. Neumann. Ber. 1876. p. 253.
Covarianten. Ueber eine allgemeine Gattung irrationaler Invarianten und Covarianten für eine binäre Grundform geraden Grades. Hilbert. Ber. 1885. p. 427.
Crookes'sches Radiometer. Ueber dasselbe. Hankel. Ber. 1877. p. 67.
Curare s. Urari.
Curven. Ueber die Gestalt sphärischer Curven, welche keine merkwürdigen Punkte haben. Möbius. Ber. 1848. p. 179.
Cutis des Hundes. Beiträge zur Anatomie derselben. Stirling. Ber. 1875. p. 221.
Cyanverbindungen. Ueber die Isomerie der von Hofmann entdeckten Cyanverbindungen mit den Nitrilen. Kolbe. Ber. 1867. p 134.
Cycadeen. Beiträge zur Anatomie derselben. Mettenius. Abh. Bd. V. (1860). p. 565.
Cyclocentrische Conchospirale. Ueber die cyclocentrische Conchospirale und das Windungsgesetz von Planorbis corneus. Naumann. Abh. Bd. I. (1849). p. 169.
Datolith. Thermoelektrische Eigenschaften. Hankel. Ber. 1878. p. 38. Abh. B. XII. (1878). p. 43.
Declination, magnetische. Bestimmung derselben im magnetischen Observatorium zu Leipzig. d'Arrest. Ber. 1850. p. 100.
——, —— Ueber photographische Registrirung derselben. Reich. Ber. 1859. p. 205.
Desmidieen. Ueber die Fortpflanzung derselben. Hofmeister. Ber. 1857. p. 18.
Diamagnetische Wirkung. Ueber dieselbe. Reich. Ber. 1855. p. 80.
Diamagnetismus. Ueber die Erregung und Wirkung desselben nach den Gesetzen inducirter Ströme. W. Weber. Ber. 1847. p. 346.
—— Elektrodynamische Maassbestimmungen. W. Weber. Abh. Bd. I. (1852). p. 483.
Diatomeen. Ueber die Fortpflanzung derselben. Hofmeister. Ber. 1857. p. 18.
Dichtigkeit der Erde. Bestimmung derselben mittels der Drehwage. Reich. Ber. 1851. p. 28. Abh. Bd. I. (1852). p. 383.
Differentiale. Ueber die Wegschaffung von Wurzelgrössen aus Differentialen. Schlömilch. Ber. 1868. p. 151.
—— Relationen einestheils zwischen Summen und Differenzen und anderntheils zwischen Integralen und Differentialen. Hansen. Abh. Bd. VII. (1865). p. 505.

Differentialgleichungen. Ueber gewisse Differentialgleichungen dritter Ordnung. Klein. Ber. 1883. p. 1.
—— Ueber lineare partielle Differentialgleichungen zweiter Ordnung. Engel. Ber. 1882. p. 39.
Differentialquotienten. Zur Theorie der höheren Differentialquotienten. Schlömilch. Ber. 1857. p. 163.
Differenzen. Relationen einestheils zwischen Summen und Differenzen und anderntheils zwischen Integralen und Differentialen. Hansen. Abh. Bd. VII. (1865). p. 505.
Dikotyledonen mit ursprünglich einzelligem, nur durch Zelltheilung wachsendem Endosperm. Neue Beiträge zur Kenntniss der Embryobildung derselben. Hofmeister. Abh. Bd. IV. (1859). p. 533.
—— Studien über die Siebröhren der Dicotylenblätter. A. Fischer. Ber. 1883. p. 245.
Dimorphie des kohlensauren Kalkes. Ueber die Ursachen derselben. Credner. Ber. 1870. p. 99.
Diopsid. Thermoelektrische Eigenschaften. Hankel. Ber. 1875. p. 183. Abh. Bd. XI. (1875). p. 496.
Dioptas. Thermoelektrische Eigenschaften. Hankel. Ber. 1881. p. 67. Abh. Bd. XII. (1882). p. 565.
Dioptrische Bilder. Entwickelung der Lehre von denselben mit Hülfe der Collineationsverwandtschaft. Möbius. Ber. 1855. p. 8.
Dioptrische Untersuchungen mit Berücksichtigung der Farbenzerstreuung und der Abweichung wegen Kugelgestalt. Zweite Abhandlung. Hansen. Abh. Bd. X. (1874). p. 693.
—— ——, insbesondere über das Hansen'sche Objectiv. Scheibner. Abh. Bd. XI. (1876). p. 544.
Drehwage. Neue Versuche mit derselben (zur Bestimmung der mittleren Dichtigkeit der Erde). Reich. Ber. 1851. p. 28. Abh. Bd. I. (1852). p. 383.
Dreieck. Historische Bemerkungen über den Ausdruck der Fläche eines geradlinigen Dreiecks durch die Quadratwurzel der Producte aus dem halben Perimeter und seinen Differenzen von den Seiten. Baltzer. Ber. 1865. p. 3.
—— Conforme Abbildung gewisser sphärischer Dreiecke durch algebraische Functionen. O. Fischer. Ber. 1884. p. 17.
—— Bestimmung des Schwerpunkts eines beliebigen sphärischen Dreiecks. Hansen. Ber. 1870. p. 71.
—— Reduction der Winkel eines sphäroidischen Dreiecks von kleinen Seiten auf die Winkel des ebenen oder sphärischen Dreiecks von denselben Seiten. Hansen. Ber. 1869. p. 138. Abh. Bd. IX. (1869). p. 289.
Dreiecksnetz. Kurz gefasste, rationelle Ableitung des Ausgleichungsverfahrens eines Dreiecksnetzes, nach der Abhandlung: »Von der Methode der kleinsten Quadrate«. Hansen. Ber. 1868. p. 129.
—— Entwickelung eines neuen veränderten Verfahrens zur Ausgleichung eines Dreiecksnetzes mit besonderer Betrachtung des Falles, in welchem gewisse Winkel vorausbestimmte Werthe bekommen sollen. Hansen. Abh. Bd. IX. (1869). p. 185.

Druck. Ueber die Tastorgane als die allein fähigen, uns die Empfindungen von Wärme, Kälte und Druck zu verschaffen. E. H. Weber. Ber. 1847. p. 358.

Dünndarm. Ueber die Blutgefässe desselben. Heller. Ber. 1872. p. 165.

Dura mater cerebralis. Zur näheren Kenntniss der Blut- und Lymphbahnen derselben. Michel. Ber. 1872. p. 334.

Ecliptische Tafeln. Analyse derselben. Hansen. Ber. 1863. p. 143.

Egeria. Nachricht von der Entdeckung und den ersten Beobachtungen des dreizehnten Hauptplaneten. d'Arrest. Ber. 1850. p. 105.

—— Ueber die Störungen der Egeria und der Flora. Hansen. Ber. 1855. p. 44.

—— Tafeln der Egeria mit Zugrundelegung der in den Abh. (Bd. III—V) veröffentlichten Störungen dieses Planeten berechnet und mit einleitenden Aufsätzen versehen. Hansen. Abh. Bd. VIII. (1867). p. 393.

Ehen. Ueber die nach der Wahrscheinlichkeitsrechnung zu erwartende Dauer der Ehen. Drobisch. Ber. 1880. p. 1.

Einsaugung des Speisesaftes beim Menschen und bei einigen Thieren. Mechanismus derselben. E. H. Weber. Ber. 1847. p. 245.

Eisen. Ueber die Bedeutung des Eisens, Chlors, Broms, Jods und Natrons als Pflanzennährstoffe. Knop. Ber. 1869. p. 1.

—— Versuche über die Wirkung der Eisensalze auf das Ergrünen der Chlorophyllkörner. Knop. Ber. 1869. p. 2.

Eiweiss. Ueber die Zersetzung desselben unter der Einwirkung des übermangansauren Kali's. Tappeiner. Ber. 1871. p. 171.

—— Ueber das Verhältniss der mit dem Eiweiss verzehrten zu der durch die Galle ausgeschiedenen Schwefelmenge. Kunkel. Ber. 1875. p. 232.

—— Vorläufige Mittheilung über die Methode zur Spaltung der Eiweisskörper. Knop. Ber. 1868. p. 1.

—— Beiträge zur Kenntniss der Eiweisskörper. Knop. Ber. 1879. p. 1. 1881. p. 26.

—— Der tägliche Umsatz der verfütterten und der transfundirten Eiweissstoffe. Ber. 1874. p. 141.

Elasticität. Kritische und experimentelle Widerlegung der von Volkmann gegen die Untersuchungen des Verfassers über die Elasticität der Muskeln aufgestellter Einwürfe und Beobachtungen. E. F. Weber. Ber. 1856. p. 167.

—— Ueber eine einfache Aufgabe aus der Theorie der Elasticität. Thomae. Ber. 1885. p. 399.

Elastische Schwingungen. Ueber elastische Schwingungen. J. J. Müller. Ber. 1870. p. 1.

Elastische Stäbe. Querschwingungen gespannter und nicht gespannter elastischer Stäbe. Seebeck. Abh. Bd. I. (1849). p. 431.

Elektricität. Ueber den Durchgang der Elektricität durch Gase. G. Wiedemann und Rühlmann. Ber. 1871. p. 333.

—— Ueber die Gesetze des Durchganges der Elektricität durch Gase. G. Wiedemann. Ber. 1876. p. 1.

—— Die Vertheilung der Elektricität auf einer Kugelcalotte. Neumann. Abh. Bd. XII. (1880). p. 399.

Elektricitätserregung zwischen Metallen und erhitzten Salzen
Hankel. Ber. 1857. p. 187. Abh. Bd. IV. (1858). p. 253.
—— Ueber eine directe Umwandlung der Schwingungen der strahlenden
Wärme in Elektricität. Hankel. Ber. 1880. p. 65.
—— Ueber die Messungen der atmosphärischen Elektricität (nach absolutem Maasse). Hankel. Ber. 1852. p. 74. Abh. Bd. III. (1856). p. 379.
—— Ueber die Entwickelung polarer Elektricität in hemimorphen Krystallen durch Aenderung des Druckes in der Richtung der unsymmetrisch ausgebildeten Axen. Hankel. Ber. 1880. p. 144.
—— Ueber die bei einigen Gasentwickelungen auftretenden Elektricitäten. Hankel. Ber. 1883. p. 123. Abh. Bd. XII. (1883). p. 597.
—— Ueber das vermeintliche Leitungsvermögen der Marekanite für Elektricität. Hankel. Ber. 1854. p. 168.
Elektrische Entladung, oscillatorische. Die elektrische Entladung, oscillatorische und ihre Grenze. Feddersen. Ber. 1864. p. 43.
—— ——, —— Ueber die Theorie der Stromverzweigung bei derselben und die »aequivalente Länge« Knochenhauer's. Feddersen. Ber. 1866. p. 231.
Elektrische Erscheinungen. Neue Theorie derselben. Hankel. Ber. 1865. p. 7. 1866. p. 219.
—— —— Ueber die von G. Meissner an der Oberfläche des menschlichen Körpers beobachteten elektrischen Erscheinungen. Hankel. Ber. 1862. p. 56.
Elektrische Hautreize. Ueber die Summation derselben. Stirling. Ber. 1874. p. 372.
Elektrische Kräfte. Ueber das von Weber für dieselben aufgestellte Gesetz. Neumann. Abh. Bd. XI. (1874). p. 77.
Elektrische Schwingungen. Elektrodynamische Maassbestimmungen, insbesondere über elektrische Schwingungen. W. Weber. Ber. 1863. p. 10. Abh. Bd. VI. (1864). p. 571.
Elektrische Ströme. Ueber die durch strömendes Wasser erzeugten elektrischen Ströme. Zöllner. Ber. 1872. p. 317.
Elektrisches Verhalten der in Wasser oder Salzlösungen getauchten Metalle bei Bestrahlung durch Sonnen- oder Lampenlicht. Hankel. Ber. 1875. p. 299.
—— —— der Weingeistflamme. Abh. Bd. V. (1859). p. 1.
Elektrische Vorgänge. Ueber die von Helmholtz in die Theorie derselben eingeführten Prämissen, mit besonderer Rücksicht auf das Princip der Energie. Neumann. Ber. 1871. p. 450.
Elektrische Wellenbewegung. Feddersen. Ber. 1859. p. 171.
Elektrodynamik. Ueber einen elektrodynamischen Versuch. Zöllner. Ber. 1874. p. 114.
—— Ueber Einrichtungen zum Gebrauch absoluter Maasse in der Elektrodynamik mit praktischer Anwendung. W. Weber und Zöllner. Ber. 1880. p. 77.
Elektrodynamische Erscheinungen. Ueber die physikalischen Beziehungen zwischen hydrodynamischen und elektrodynamischen Erscheinungen. Zöllner. Ber. 1876. p. 59. 240.
Elektrodynamische Kräfte. Ueber die den Kräften elektrodynami-

schen Ursprungs zuzuschreibenden Elementargesetze. Neumann. Abh. Bd. X. (1873). p. 417.

Elektrodynamische Maassbestimmungen, insbesondere Widerstandsmessungen. W. Weber. Abh. Bd. I. (1851). p. 197.

—— ——, insbesondere über Diamagnetismus. W. Weber. Abh. Bd. I. (1852). p. 483.

—— ——, Verbesserung einer Formel in denselben. W. Weber. Ber. 1852. p. 164.

—— ——, insbesondere Zurückführung der Stromintensitäts-Messungen auf mechanisches Maass. Kohlrausch und W. Weber. Ber. 1855. p. 55. Abh. Bd. III. (1856). p. 219.

—— ——, insbesondere über elektrische Schwingungen. W. Weber. Ber. 1863. p. 10. Abh. Bd. VI. (1864). p. 571.

—— ——, insbesondere über das Princip der Erhaltung der Energie. W. Weber. Abh. Bd. X. (1871). p. 1.

—— ——, insbesondere über die Energie der Wechselwirkung. W. Weber. Abh. Bd. XI. (1878). p. 641.

Elektrodynamische Untersuchungen mit besonderer Rücksicht auf das Princip der Energie. Neumann. Ber. 1871. p. 386.

Elektrolyse. Ueber die Elektrolyse der Essigsäure. Kolbe. Ber. 1868. p. 99.

Elektrometer. Ueber die Construction eines Elektrometers. Hankel. Ber. 1850. p. 71.

Elektromotorische Kräfte. Ueber das Elementargesetz derjenigen elektromotorischen Kräfte, welche in einem gegebenen Conductor hervorgebracht werden durch elektrische Ströme, sei es dass diese Ströme in demselben Conductor, sei es, dass sie in irgend einem anderen gegen jenen sich bewegenden Conductor stattfinden. Neumann. Ber. 1872. p. 44.

—— —— Maassbestimmungen derselben. Hankel. 1. Theil. Ber. 1861. p. 1. Abh. Bd. VI. (1864). p. 1. 2. Theil. Ber. 1864. p. 32. Abh. (Bd. VII. 1865). p. 585.

Elementarpotential. Entwickelung nach Elementarpotentialen. Neumann. Ber. 1878. p. 17.

Ellipsoid. Ueber die Construction desselben mittels eines geschlossenen Fadens. Staude. Ber. 1882. p. 5.

—— Ueber den mittleren Radius des 3-achsigen Ellipsoids. Schlömilch. Ber. 1859. p. 87.

Elliptische Functionen. Ueber einige allgemeine Reihenentwickelungen und deren Anwendung auf die elliptischen Functionen. Schlömilch. Abh. Bd. II. (1854). p. 395.

—— —— Ueber ein neues Verfahren zur Entwickelung der elliptischen Functionen. Schlömilch. Ber. 1853. p. 25.

—— —— Zur Theorie der elliptischen Functionen n^{ter} Stufe. Klein. Ber. 1884. p. 64.

—— —— Ueber zwei auf die Theorie der elliptischen Functionen bezügliche Sätze. Scheibner. Ber. 1859. p. 159.

—— —— Ueber gewisse, in der Theorie der elliptischen Function auftretende Einheitswurzeln. Molien. Ber. 1885. p. 25.

Elliptische Functionen. Ueber die Abel'schen Relationen für die Theilwerthe der elliptischen Functionen. Engel. Ber. 1884. p. 32.
—— —— Zur Theorie der complexen Multiplication der elliptischen Functionen. Pick. Ber. 1885. p. 15.
—— —— Zur Transformation und Theilung der elliptischen Functionen. Morera. Ber. 1885. p. 302.
Elliptische Integrale. Zur Reduction elliptischer Integrale in reeller Form. Scheibner. Abh. Bd. XII. (1879). p. 57. Supplement. Abh. Bd. XII. (1880). p. 1.
Elliptische Modulfunctionen. Neue Untersuchungen über elliptische Modulfunctionen der niedersten Stufen. Klein. Ber. 1885. p. 70.
Elliptische Polarisation des Lichtes und ihre Beziehungen zu den Oberflächenfarben der Körper. E. Wiedemann. Ber. 1872. p. 263.
Embryobildung der Phanerogamen. Uebersicht neuerer Beobachtungen der Befruchtung und Embryobildung der Phanerogamen. Hofmeister. Ber. 1856. p. 77.
—— Neue Beiträge zur Kenntniss der Phanerogamen. Hofmeister. I. Dikotyledonen mit ursprünglich einzelligem, nur durch Zellentheilung wachsendem Endosperm. Ber. Bd. IV. (1859). p. 533. II. Monokotyledonen. Abh. Bd. V. (1861). p. 629.
Embryologische Bemerkungen von His bei Vorlegung der Tafeln IX—XIV seines embryologischen Atlas. Ber. 1885. p. 126.
Empfindungen. Ueber die Tastorgane als die allein fähigen, uns die Empfindungen von Wärme, Kälte und Druck zu verschaffen. E. H. Weber. Ber. 1847. p. 358.
—— Ueber die Umstände, durch welche man geleitet wird, Empfindungen auf äussere Objecte zu beziehen. E. H. Weber. Ber. 1848. p. 226.
—— Ueber die Contrastempfindungen. Fechner. Ber. 1860. p. 71.
Empfindungskreise. Ueber den Raumsinn und die Empfindungskreise in der Haut und im Auge. E. H. Weber. Ber. 1852. p. 85.
Energie. Elektrodynamische Maassbestimmungen, insbesondere über das Princip der Erhaltung der Energie. W. Weber. Abh. Bd. X. (1871). p. 1.
—— Elektrodynamische Maassbestimmungen, insbesondere über die Energie der Wechselwirkung. W. Weber. Abh. Bd. XI. (1878). p. 641.
—— Elektrodynamische Untersuchungen mit besonderer Rücksicht auf das Princip der Energie. Neumann. Ber. 1871. p. 386.
—— Ueber die von Helmholtz in die Theorie der elektrischen Vorgänge eingeführten Prämissen, mit besonderer Rücksicht auf das Princip der Energie. Neumann. Ber. 1871. p. 450.
—— Ueber die mechanische Energie der Schwefelsäure. Neumann. Ber. 1869. p. 213.
Entladung. Ueber eine eigenthümliche Stromtheilung bei Entladung der Leidner Batterie. Feddersen. Ber. 1861. p. 114.
—— Die oscillatorische elektrische Entladung und ihre Grenze. Feddersen. Ber. 1861. p. 13.
—— Ueber die Theorie der Stromverzweigung bei der oscillatorischen

elektrischen Entladung und die »äquivalente Länge« Knochenbauer's. Feddersen. Ber. 1866. p. 231.

Entladung. Ueber die Duchbohrung des Stanniols durch den Entladungsschlag der elektrischen Batterie. Hankel. Ber. 1865. p. 93.

Epidot als Begleiter des Traversellits. Scheerer. Ber. 1858. p. 98.

—— Bemerkungen über die chemische Constitution der Epidote und Idokrase. Scheerer. Ber. 1858. p. 165.

Epithelien. Ueber Epithelien sowie über die v. Recklinghausen'schen Saftkanälchen, als die vermeintlichen Wurzeln der Lymphgefässe. Schweigger-Seidel. Ber. 1866. p. 329.

—— Die regressiven Veränderungen der Epithelialzellen in der serösen Hülle des Kaninchen-ies. Slavjansky. Ber. 1872. p. 147.

Equisetaceen. Ueber die Keimung derselben. Hofmeister. Abh. Bd. II. (1852. p. 168.

Erbleichen, abwechselndes, und Dunkelwerden der Blätter bei wechselnder Beleuchtung. Sachs. Ber. 1859. p. 226.

Erde. Bestimmung der mittleren Dichtigkeit derselben mittelst der Drehwage. Reich. Ber. 1851. p. 28. Abh. Bd. I. (1852. p. 383.

Erdmagnetismus. Ueber den Ursprung des Erdmagnetismus und die magnetischen Beziehungen der Weltkörper. Zöllner. Ber. 1871. p. 179.

Erdsphäroid. Tafel für die Krümmungsmaasse auf demselben. Hansen. Ber. 1872. p. 24.

Ergänzungsfarben. Bemerkungen gegen die Abhandlung Osann's »Ueber Ergänzungsfarben« in der Würzburger naturwiss. Zeitschr. Bd. I. p. 61 ff. Fechner. Ber. 1860. p. 146.

Ermüdung. Ueber die Ermüdung und Erholung der quergestreiften Muskeln. Kronecker. Ber. 1871. p. 690.

Ernährung der Pflanze. Chemisch-physiologische Untersuchungen über die Ernährung der Pflanze. Dworzak und Knop. Ber. 1875. p. 29.

—— —— —— Einige neue Resultate der Untersuchung über die Ernährung der Pflanze. Knop. Ber. 1877. p. 109.

Erregbarkeit. Ueber den Einfluss der hinteren Nervenwurzeln des Rückenmarkes auf die Erregbarkeit der vorderen. Cyon. Ber. 1865 p. 85.

Ersticktes Thier. Die Unterschiede der Blut- und Lymphgase desselben. Tschiriew. Ber. 1874. p. 120.

Erstickungsblut. Welcher Bestandtheil des Erstickungsblutes vermag den diffundirbaren Sauerstoff zu binden? Afonassiew. Ber. 1872. p. 253.

Essigsäure. Ueber Electrolyse derselben. Kolbe. Ber. 1868. p. 99.

Euklas. Thermoelektrische Eigenschaften. Hankel. Ber. 1881. p. 69. Abh. Bd. XII. (1882). p. 576.

Facultäten. Ueber Facultätenreihen. Schlömilch. Ber. 1859. p. 109.

—— Ueber die Entwickelungen von Functionen complexer Variabelen in Facultätenreihen. Schlömilch. Ber. 1863. p. 58.

Facultative oder virtuelle Verrückungen. Ueber das Princip derselben. Neumann. Ber. 1879. p. 53.

Färben der Baumwolle. Wirkungsweise der Beizmittel bei demselben. Erdmann und Mittenzwey. Ber. 1859. p. 99.
Fagnano'scher Satz. Ueber die stereometrischen Analoga zu demselben. Schlömilch. Ber. 1871. p. 13.
Farnkräuter. Ueber die Befruchtung derselben. Hofmeister. Ber. 1854. p. 54.
—— Ueber Entwickelung und Bau der Vegetationsorgane der Farnkräuter. Hofmeister. Abh. Bd. III. (1857). p. 603.
—— Ueber Seitenknospen bei Farnen. Mettenius. Abh. Bd. V. (1860). p. 609.
Fechner's Psychophysik. Neue Ableitung der Grundformel von Fechner's Psychophysik. Drobisch. Ber. 1861. p. 20.
Felsenschliffe. Ueber die Felsenschliffe der Hohburger Porphyrberge unweit Wurzen. Naumann. Ber. 1847. p. 392.
Fenster- und Kerzenversuch. Ueber den seitlichen Fenster- und Kerzenversuch. Fechner. Ber. 1861. p. 27.
Fernewirkung der Sonne. Ueber die elektrische und magnetische Fernewirkung der Sonne. Zöllner. Ber. 1872. p. 116.
Fernrohr. Ueber das spectroskopische Reversions-Fernrohr. Zöllner. Ber. 1872. p. 129.
Fernrohrstativ. Beschreibung eines Fernrohrstativs, welches dem in Bezug auf den Horizont aufgestellten Fernrohr eine parallactische Bewegung mittheilt, nebst Ermittelung des mit Θ bezeichneten Positionswinkels. Hansen. Ber. 1870. p. 185.
Figuren. Ueber eine neue Verwandtschaft zwischen ebenen Figuren. Möbius. Ber. 1853. p. 14.
—— Ueber symmetrische Figuren. Möbius. Ber. 1851. p. 19.
Fläche. Ueber die Complanation verschiedener Flächen. Schlömilch. Ber. 1866. p. 38.
—— Zur Theorie der Flächen 3. Ordnung. Schur. Ber. 1884. p. 128.
—— Ueber Flächen 4. Ordnung mit 8—16 Knotenpunkten. Rohn. Ber. 1884. p. 52.
—— Die Lösung eines Paradoxons, welches bei der Construction der Flächen n^{ter} Ordnung aus gegebenen Punkten auftritt. Schur. Ber. 1883. p. 59.
—— Ueber die Entstehung eines beliebigen x-fachen Punktes einer Fläche aus dem gewöhnlichen x-fachen Punkt. Rohn. Ber. 1884. p. 1.
—— Ueber die mittleren Radien der Linien, Flächen und Körper. Drobisch. Ber. 1858. p. 124.
—— Ueber die Complanation der centrischen Flächen zweiter Ordnung. Schlömilch. Ber. 1862. p. 23.
—— Zur Theorie der conformen Abbildung einer ebenen Fläche auf eine Kreisfläche. Neumann. Ber. 1877. p. 154.
—— Ueber die Complanation gewisser Fusspunktsflächen. Schlömilch. Ber. 1862. p. 51.
—— Einige specielle Fälle der Kummer'schen Fläche. Rohn. Ber. 1884. p. 10.
—— Ein specieller Fall der Kummer'schen Fläche. Segre. Ber. 1884. p. 132.

Fläche. Zwei Sätze über correspondirende Flächenelemente. Neumann. Ber. 1876. p. 253.
—— Ableitung der Gauss'schen Formeln für die Flächenkrümmung. Baltzer. Ber. 1866. p. 1.
Flamme. Ueber das Verhalten der Weingeistflamme in elektrischer Beziehung. Hankel. Ber. 1859. p. 80.
—— Ueber die Absorption des Lichtes in den eigenen Flammen. Hankel. Ber. 1874. p. 307.
Flechten. Beiträge zur Physiologie derselben. Knop. Ber. 1874. p. 576.
Fleisch. Notiz über phosphorisches Leuchten des Fleisches. Hankel. Ber. 1861. p. 5.
—— Ueber die Längenverhältnisse der Fleischfasern der Muskeln im Allgemeinen. E. F. Weber. Ber. 1851. p. 63.
Flora (Planet). Ueber die Störungen der Egeria und der Flora. Hansen. Ber. 1855. p. 44.
—— Rechtfertigung der Berechnung der Florastörungen in Beziehung auf eine Mittheilung von P. A. Hansen. Encke. Ber. 1855. p. 66.
—— Beantwortung des Vorstehenden. Hansen. Ber. 1855. p. 71.
Florentiner Problem. Zusätze zum Florentiner Problem. Drobisch. Abh. Bd. I. (1852). p. 431.
—— —— Neue Zusätze zum Florentiner Problem. Drobisch. Ber. 1854. p. 14.
Flussspath. Photoelektricität desselben. Hankel. Ber. 1877. p. 71.
—— Photo- und thermoelektrische Eigenschaften. Hankel. Ber. 1879. p. 45. Abh. Bd. XII. (1879). p. 201.
Formen. Ueber Relationen zwischen Klassenzahlen binärer quadratischer Formen von negativer Determinante. Hurwitz. Ber. 1884. p. 193.
Fourier-Bessel'sche Functionen. Ueber die Entwickelung einer Function nach Quadraten und Producten der Fourier-Bessel'schen Functionen. Neumann. Ber. 1869. p. 221.
Freiberg. Ueber die Regenmenge zu Freiberg. Reich. Ber. 1852. p. 15.
Frosch. Eine periodische Function des isolirten Froschherzens. Luciani. Ber. 1873. p. 11.
—— Ueber die Umwandlung der periodisch aussetzenden Schlagfolge des isolirten Froschherzens in die rhytmische. Rossbach. Ber. 1874. p. 193.
—— Untersuchungen über einige Giftwirkungen am Froschherzen. Schmiedeberg. Ber. 1870. p. 130.
—— Ueber die periodische Farbenveränderung, welche die Leber der Hühner und der Frösche erleidet. E. H. Weber. Ber. 1850. p. 15.
—— Vorarbeit für die Erforschung des Reflexmechanismus im Lendenmarke des Frosches. Sanders-Ezn. Ber. 1867. p. 1.
—— Ueber die Peritonealhöhle bei den Fröschen und ihren Zusammenhang mit dem Lymphgefässsysteme. Schweigger-Seidel und Dogiel. Ber. 1866. p. 247.
—— Ueber den Bau der Schleimhaut der regio olfactoria des Frosches. Paschutin. Ber. 1873. p. 257.

Function. Entwickelung der negativen und ungraden Potenzen der Quadratwurzel der Function $r^2 + r'^2 - 2rr' (\cos U. \cos U' + \sin U. \sin U' \cos J)$. Hansen. Ber. 1853. p. 68. Abh. Bd. II. (1854). p. 283.
—— Ueber die Entwickelung einer Function nach Quadraten und Producten der Fourier-Bessel'schen Functionen. Neumann. Ber. 1869. p. 221.
Functionen. Ueber die Entwickelung von Functionen complexer Variabelen in Facultätenreihen. Schlömilch. Ber. 1863. p. 58.
—— Ueber eine besondere Gattung algebraischer Functionen. Schlömilch. Ber. 1872. p. 26.
——, elliptische s. Elliptische Functionen.
—— Zur algebraischen Transformation der hypergeometrischen Functionen. Papperitz. Ber. 1885. p. 60.
—— Ueber eine neue und einfache Methode zur Untersuchung der Stetigkeit, resp. Unstetigkeit mehrdeutiger Functionen. Neumann. Ber. 1883. p. 85.
—— Ueber periodische Functionen. Scheibner. Ber. 1862. p. 64.
Functionsgleichungen. Ueber die Auflösung von Functionsgleichungen. Schlömilch. Ber. 1852. p. 27.
Funkenentladung. Ueber eine eigenthümliche Funkenentladung am sogenannten negativen Pole eines Inductionsapparates. Hankel. Ber. 1878. p. 91.
Fusspunktsflächen. Ueber die Complanation gewisser Fusspunktsflächen. Schlömilch. Ber. 1862. p. 51.
Fusspunktslinien. Einige Bemerkungen über die Fusspunktslinien, insbesondere die der Kegelschnitte. Drobisch. Ber. 1857. p. 49.
Galle. Neue Versuche über Gallenabsonderung. Schmulewitsch. Ber. 1868. p. 128.
Galois'sche Gruppe der Modulargleichungen für den Transformationsgrad q^n. Gierster. Ber. 1885. p. 291.
Galvanische Polarisation. Untersuchungen über die galvanische Polarisation durch Chlor und Wasserstoff. Macaluso. Ber. 1878. p. 306.
Gase. Ueber den Durchgang der Elektricität durch Gase. G. Wiedemann und Rühlmann. Ber. 1871. p. 383.
—— Ueber die Gesetze des Durchganges der Elektricität durch Gase. G. Wiedemann. Ber. 1876. p. 1.
—— Ueber den Einfluss der Dichtigkeit und Temperatur auf die Spectra glühender Gase. Zöllner. 1870. p. 233.
—— Das Verhalten der Gase, welche mit dem Blut durch den reizbaren Säugethiermuskel strömen. Ludwig und Schmidt. Ber. 1868. p. 12.
—— Ueber die Gase der Hundelymphe. Hammarsten. Ber. 1871. p. 617.
—— Der Austausch an Gasen zwischen arteriellem und venösem Blute. Bernstein. Ber. 1870. p. 124.
—— Der respiratorische Gasaustausch bei grossen Temperaturänderungen. Sanders-Ezn. Ber. 1867. p. 58.
—— Ueber die Aenderung des respiratorischen Gasaustausches durch die Zufügung verbrennlicher Moleküle zum kreisenden Blute. Scheremetjewski. Ber. 1868. p. 154.

Gase. Ueber die bei einigen Gasentwickelungen auftretenden Elektricitäten. Henkel. Abh. Bd. XII. (1883). p. 597.
—— Ueber die Maassbestimmung der Athmungsgase durch ein neues Verfahren. Kowalewsky. Ber. 1866. p. 111.
—— Die Unterschiede der Blut- und Lymphgase des erstickten Thieres. Tschiriew. Ber. 1874. p. 120.
Gauss'sche Formel für die Flächenkrümmung. Ableitung derselben. Baltzer. Ber. 1866. p. 1.
Gebietseintheilungen des Raumes. Vorläufige Mittheilungen über die durch Gruppen linearer Transformationen gegebenen regulären Gebietseintheilungen des Raumes. Dyck. Ber. 1883. p. 61.
Gefässcentrum. Ueber die Lage des sogenannten Gefässcentrums in der Medulla oblongata. Dittmar. Ber. 1873. p. 449.
Gefässe. Ueber die Anpassung der Gefässe an grosse Blutmengen. E. Lesser. Ber. 1874. p. 153.
—— Untersuchungen über die Constitution des Blutes verschiedener Gefässe und den Zuckergehalt derselben insbesondere. Lehmann. Ber. 1855. p. 87.
—— Untersuchungen über die Wirkungen, welche die magneto-elektrische Reizung der Blutgefässe bei lebenden Thieren hervorbringt. E. H. Weber. Ber. 1846. p. 91.
Gefässkryptogamen. Beiträge zur Kenntniss derselben. Hofmeister. I. Abh. Bd. II. (1852). p. 121. II. Abh. Bd. III. (1857). p. 603.
Gefässnerven. Beobachtungen über Gefässnerven. Asp. Ber. 1867. p. 135.
—— Ueber die Wurzeln, durch welche das Rückenmark die Gefässnerven für die Vorderpfote aussendet. Cyon. Ber. 1868. p. 73.
—— Die tonischen und reflectorischen Centren der Gefässnerven. Owsjannikow. Ber. 1871. p. 185.
Gefässwand. Ueber einige neue Eigenschaften der Gefässwand. Mosso. Ber. 1874. p. 305.
Gefrieren saftiger Pflanzentheile. Krystallbildung bei demselben und Veränderung der Zellhäute bei dem Aufthauen. Sachs. Ber. 1860. p. 1.
Gehirn. Untersuchungen über die Windungen des kleinen Gehirns. Huschke. Ber. 1853. p. 142.
Gehör. Ueber die ungleiche Deutlichkeit des Gehörs auf linkem und rechtem Ohre. Fechner. Ber. 1860. p. 166.
Gehörorgan. Ueber den Mechanismus desselben. E. F. Weber. Ber. 1851. p. 29.
Gelbsucht der Pflanzen. Ueber die Ursachen derselben. Knop. Ber. 1869. p. 8.
Geldwerth. Ueber Mittelgrössen und die Anwendbarkeit derselben auf die Berechnung des Steigens und Sinkens des Geldwerthes. Drobisch. Ber. 1871. p. 25.
Generationsorgane. Ueber die Vergleichung einiger Theile der Generationsorgane phanerogamer Gewächse mit entsprechenden Theilen bei den Wirbelthieren. E. H. Weber. Ber. 1851. p. 81.
Geodätische Untersuchungen. Hansen. Abh. Bd. VIII. (1865). p. 1.

Nachtrag. Ber. 1866. p. 131. Von der Methode der kleinsten Quadrate im Allgemeinen und in ihrer Anwendung auf die Geodäsie. Abh. Bd. VIII. (1867). p. 571. Fortgesetzte geodätische Untersuchungen, bestehend in zehn Supplementen zur Abhandlung von der Methode der kleinsten Quadrate im Allgemeinen und in ihrer Anwendung auf die Geodäsie. Abh. Bd. IX. (1868). p. 1. Supplement zu der »Geodätische Untersuchungen« benannten Abhandlung, die Reduction der Winkel eines sphärischen Dreiecks betreffend. Abh. Bd. IX. (1869). p. 289. Darlegung einer unbedeutend scheinenden Umformung der Endgleichungen des Supplements zu den geodätischen Untersuchungen, durch welche aber eine weit grössere Genauigkeit in den numerischen Werthen derselben erlangt wird. Ber. 1872. p. 15.

Gesichtsphänomene. Ueber einige Gesichtsphänomene, welche mit dem Vorhandensein eines unempfindlichen Flecks im Auge zusammenhängen. Volkmann. Ber. 1853. p. 27.

Gesteine. Ueber die krystallinischen Gesteine längs des 40. Breitegrades in Nordwest-Amerika. Zirkel. Ber. 1877. p. 156.

Gewebe. Die Behandlung des thierischen Gewebes mit Argentum nitricum. Schweigger-Seidel. Ber. 1866. p. 329.

Gifte. Beiträge zur Kenntniss der Wirkung des Urari und einiger anderer Gifte. Funke. Ber. 1859. p. 1.

—— Untersuchungen über einige Giftwirkungen am Froschherzen. Schmiedeberg. Ber. 1870. p. 130.

Glaskörper. Ueber Lymphbahnen der Netzhaut und des Glaskörpers. Schwalbe. Ber. 1872. p. 142.

Gleichungen. Ein Beitrag zur Theorie der Gleichungen sechsten Grades. Reichardt. Ber. 1883. p. 419.

—— Ueber die reellen Wurzeln dreigliedriger algebraischer Gleichungen von beliebigem Grade. Ber. 1856. p. 21. Drobisch. Einfachere Ableitung. Ber. 1858. p. 82.

—— Auflösung eines beliebigen Systems von linearischen Gleichungen. Hansen. Ber. 1847. p. 333. Abh. Bd. I. (1849). p. 83.

—— Beitrag zu der Lehre von der Auflösung numerischer Gleichungen. Möbius. Ber. 1852. p. 1.

—— Ueber Newton's Auflösung der numerischen Gleichungen. Baltzer. Ber. 1866. p. 358.

—— Einige Bemerkungen über recurrirende Gleichungen, welche auf Kettenbrüche führen. Scheibner. Ber. 1864. p. 44.

—— Ueber die Auflösung von Funktionsgleichungen. Schlömilch. Ber. 1852. p. 27.

Gleichungensystem. Ueber die Auflösung eines gewissen Gleichungensystems. Scheibner. Ber. 1856. p. 65.

Gleitstellen. Das Weber'sche Gesetz in seiner Anwendung auf Gleitstellen. Neumann. Ber. 1875. p. 1.

Glycerin. Chemische Constitution des Glycerins und seiner Derivate. Kolbe. Ber. 1869. p. 82.

Glycocoll. Ueber die Oxydation von Glycocoll, Leucin und Tyrosin sowie über das Vorkommen von Carbaminsäure im Blute. Drechsel. Ber. 1875. p. 171.

Gotha. Ueber die Einrichtung der neuen herzogl. Sternwarte zu Gotha. Hansen. Ber. 1859. p. 241.

—— Bestimmung des Längsunterschiedes zwischen den Sternwarten zu Gotha und Leipzig. Hansen, Auwers und Bruhns. Abh. Bd. VIII. (1866). p. 225.

Gradmessung. Bemerkungen zu einem vor der permanenten Commission der europäischen Gradmessung am 21. September 1871 zu Wien gehaltenen Vortrage. Hansen. Ber. 1872. p. 1.

Graham. Ueber den von Graham entdeckten neuen Planeten. (Möbius und) d'Arrest. Ber. 1848. p. 115.

Granat als Begleiter des Traversellits. Scheerer. Ber. 1858. p. 99.

Grassmann, H. Ueber die von demselben gelöste Preisaufgabe der Fürstlich Jablonowski'schen Gesellschaft. Ber. 1846. p. 44.

Green. Ueber zwei von Green gegebene Formeln. Neumann. Ber. 1878. p. 10.

Grösse $(1 - 2\alpha H + \alpha^2)^{-\frac{1}{2}}$ nach den Potenzen von α. Entwickelung derselben. Hansen. Ber. 1847. p. 339. Abh. Bd. I. (1849). p. 123.

Grössen. Ueber die geometrische Construction der imaginären Grössen. Drobisch. Ber. 1848. p. 171.

Grössenverhältnisse. Ueber das Vermögen, Grössenverhältnisse zu schätzen. Volkmann. Ber. 1858. p. 173.

Grundform. Ueber eine allgemeine Gattung irrationaler Invarianten und Covarianten für eine binäre Grundform geraden Grades. Hilbert. Ber. 1885. p. 417.

Grundstoffe. Untersuchung über das Mengenverhältniss des Wassers und der Grundstoffe des menschlichen Körpers. Volkmann. Ber. 1874. p. 202.

Gyps. Thermoelektrische Eigenschaften. Hankel. Ber. 1875. p. 182. Abh. Bd. XI. (1878). p. 481.

Hämodynamik. Ueber einige Probleme der Hämodynamik und deren Lösbarkeit. Volkmann. Ber. 1849. p. 75.

Halbdeterminanten. Ueber Halbdeterminanten. Scheibner. Ber. 1859. p. 151.

Hals. Bemerkung zur Entwickelungsgeschichte desselben. His. Ber. 1885. p. 126.

Hamilton. Neuer Beweis des in Hamilton's Lectures on Quaternions aufgestellten associativen Princips bei der Zusammensetzung von Bogen grösster Kreise einer Kugelfläche. Möbius. Ber. 1859. p. 138.

Hansen'sches Objectiv. Dioptrische Untersuchungen über dasselbe. Scheibner. Abh. Bd. XI. (1876). p. 541.

Harnabsonderung. Beiträge zur Theorie der Harnabsonderung. Ustimowitsch. Ber. 1870. p. 430.

Harnsäure. Ueber die chemische Constitution der Harnsäure und ihrer Derivate. Kolbe. Ber. 1870. p. 4.

Harnstoff. Ueber directe Verwandlung des kohlensauren Ammoniaks in Harnstoff. Basaroff. Ber. 1868. p. 97.

Harnstoffverbindungen. Methode zur Bestimmung des Stickstoffs in Ammoniak- und Harnstoffverbindungen. Knop. Ber. 1870. p. 11.

Harzige Körper. Mikroskopische Beobachtungen gesetzmässiger Bewegungen, welche die Bildung von Niederschlägen harziger Körper aus Weingeist begleiten. E. H. Weber. Ber. 1854. p. 37.

Haut. Ueber den Raumsinn und die Empfindungskreise in der Haut und im Auge. E. H. Weber. Ber. 1852. p. 85.

—— Ueber den Druck in den Blutcapillaren der menschlichen Haut. Kries. Ber. 1875. p. 149.

Hautnerven. Reizung derselben durch verdünnte Schwefelsäure. Baxt. Ber. 1871. p. 309.

Hautreize. Ueber die Summation elektrischer Hautreize. Stirling. Ber. 1874. p. 372.

Helmholtz. Ueber die von Helmholtz in die Theorie der elektrischen Erscheinungen eingeführten Prämissen, mit besonderer Rücksicht auf das Princip der Energie. Neumann. Ber. 1871. p. 450.

—— Ueber die Helmholtz'sche Constante k. Neumann. Ber. 1874. p. 132.

—— Zur Widerlegung des elementaren Potentialgesetzes von Helmholtz durch elektrodynamische Versuche mit geschlossenen Strömen. Zöllner. Ber. 1876. p. 227.

Helvin. Thermoelektrische Eigenschaften. Hankel. Ber. 1881. p. 64. Abh. Bd. XII. (1882). p. 551.

Herz. Ueber ein Verfahren, den Kreislauf des Blutes und die Function des Herzens willkürlich zu unterbrechen. E. F. Weber. Ber. 1850. p. 29.

—— Wie ändern sich durch die Erregung des n. vagus die Arbeit und die inneren Reize des Herzens? Coats. Ber. 1869. p. 160.

—— Ueber die Eigenthümlichkeiten der Reizbarkeit, welche die Muskelfasern des Herzens zeigen. Bowditch. Ber. 1871. p. 642.

Herznerven. Ueber die Interferenz der retardirenden und beschleunigenden Herznerven. Bowditch. Ber. 1873. p. 195.

Herzschlag. Ueber die chemischen Bedingungen für die Entstehung des Herzschlages. Merunowicz. Ber. 1875. p. 253.

—— Ueber den Einfluss der Temperaturänderung auf Zahl, Dauer und Stärke der Herzschläge. Cyon. Ber. 1866. p. 256.

Herzton. Ein neuer Versuch über den ersten Herzton. Dogiel und Ludwig. Ber. 1868. p. 89.

Himmelsgewölbe. Ueber die Bestimmung der Gestalt des scheinbaren Himmelsgewölbes. Drobisch. Ber. 1854. p. 107.

Historisch(-mathematisch)e Bemerkungen. Baltzer. Ber. 1865. p. 1.

Hoden. Beiträge zur Anatomie und Histologie des Hodens. Mihalovics. Ber. 1873. p. 247.

—— s. auch Testiculorum descensus.

Hofmann. Ueber die Isomerie der von Hofmann entdeckten Cyanverbindungen mit den Nitrilen. Kolbe. Ber. 1867. p. 111.

Hohburg. Ueber die Felsenschliffe der Hohburger Porphyrberge unweit Wurzen. Naumann. Ber. 1847. p. 392.

Honigsteinsäure. Resultate einer Untersuchung über die Honigsteinsäure. Erdmann und Marchand. Ber. 1848. p. 45.

Horizontalpendel. Zur Geschichte desselben. Zöllner. Ber. 1872. p. 183.

Hornhaut. Ueber die Grundsubstanz und die Zellen der Hornhaut des Auges. Schweigger-Seidel. Ber. 1869. p. 305.

Huhn. Ueber die periodische Farbenveränderung, welche die Leber der Hühner und der Frösche erleidet. E. H. Weber. Ber. 1880. p. 45.

Hund. Beiträge zur Anatomie der Cutis des Hundes. Stirling. Ber. 1875. p. 225.

—— Ueber die Innervationsverhältnisse des Hundeherzens. Schmiedeberg. Ber. 1871. p. 148.

—— Ueber die Absonderung der Lymphe im Arme des Hundes. Paschutin. Ber. 1873. p. 95.

—— Ueber die Gase der Hundelymphe. Hammarsten. Ber. 1871. p. 617.

Hydrodynamische Erscheinungen. Ueber die physikalischen Beziehungen zwischen hydrodynamischen und elektrodynamischen Erscheinungen. Zöllner. Ber. 1876. p. 59. 240.

Hygiea. Mittheilungen über den neu entdeckten Planeten Hygiea. d'Arrest. Ber. 1849. p. 121.

—— Neue Verbesserungen der Elemente der Hygiea-Bahn. d'Arrest. Ber. 1850. p. 1.

Hymenophyllaceae. Ueber die Hymenophyllaceae. Mettenius. Abh. Bd. VII. (1864). p. 401.

Hyperelliptische Integrale. Ueber Reihenentwickelungen für gewisse hyperelliptische Integrale. Schlömilch. Ber. 1882. p. 1.

Hypergeometrische Functionen. Zur algebraischen Transformation der hypergeometrischen Functionen. Papperitz. Ber. 1885. p. 60.

Ichthyophthalm (Apophyllit). Thermoelektrische Eigenschaften. Hankel. Ber. 1874. p. 471. Abh. Bd. XI. (1875). p. 260.

Idokras. Bemerkungen über die chemische Constitution der Epidote und Idokrase. Scheerer. Ber. 1858. p. 165.

—— Thermoelektrische Eigenschaften. Hankel. Ber. 1874. p. 470. Abh. Bd. XI. (1875). p. 249.

Imaginäre Grössen. Ueber die geometrische Construction derselben. Drobisch. Ber. 1848. p. 171.

Imaginäre Kreise. Ueber dieselben. Möbius. Ber. 1857. p. 38.

Inducirte Ströme. Bemerkungen zu Neumann's Theorie derselben. W. Weber. Ber. 1849. p. 1.

Inductionsapparat. Ueber eine eigenthümliche Funkenentladung am sogenannten negativen Pole eines Inductionsapparates. Hankel. Ber. 1878. p. 91.

Innervation. Ueber die Innervationsverhältnisse des Hundeherzens. Schmiedeberg. Ber. 1871. p. 148.

Integrale. Relationen einestheils zwischen Summen und Differenzen und anderntheils zwischen Integralen und Differentialen. Hansen. Abh. Bd. VII. (1865). p. 505.

Integrale. Transformation eines bestimmten Integrales. Schlömilch. Ber. 1857. p. 181.
—— Beiträge zur Theorie des Cauchy'schen Integrales. Harnack. Ber. 1885. p. 379.
—— Ueber eine Transformationsformel für Doppel-Integrale. Scheibner. Ber. 1884. p. 185.
—— Zur Aufstellung der Kriterien des Maximums und des Minimums der einfachen Integrale bei variablen Grenzwerthen. Mayer. Ber. 1884. p. 99.
—— Zur Reduction elliptischer Integrale in reeller Form. Scheibner. Abh. Bd. XII. (1879). p. 57. Supplement. Abh. Bd. XII. (1880). p. 1.
—— Ueber Reihenentwickelungen für gewisse hyperelliptische Integrale. Schlömilch. Ber. 1882. p. 1.
—— Reduction eines vielfachen Integrales. Schlömilch. Ber. 1857. p. 67.
Intercostalvenen. Ueber die Intercostalvenen des menschlichen Körpers. Braune. Ber. 1883. p. 76.
Interferenz. Beobachtungen über die Interferenz des Lichtes bei grossen Gangunterschieden. J. J. Müller. Ber. 1871. p. 19.
—— Ueber Interferenz der Wärmestrahlen. Seebeck. Ber. 1848. p. 182.
Invarianten. Ueber eine allgemeine Gattung irrationaler Invarianten und Covarianten für eine binäre Grundform geraden Grades. Hilbert. Ber. 1885. p. 427.
Involution. Ueber Erweiterungen des Begriffs der Involution von Punkten. Möbius. Ber. 1855. p. 33.
—— Ueber die Involution von Punkten in einer Ebene. Möbius. Ber. 1853. p. 176.
—— Ueber Involutionen höherer Ordnung. Möbius. Ber. 1855. p. 123.
—— Theorie der collinearen Involution von Punktenpaaren in einer Ebene und im Raume. Möbius. Ber. 1856. p. 443.
Irradiation. Ueber Irradiation. Volkmann. Ber. 1857.
Irrationale algebraische Ausdrücke. Ueber das Rationalmachen derselben. Scheibner. Ber. 1863. p. 63.
Isoetes lacustris. Entwickelungsgeschichte derselben. Hofmeister. Abh. Bd. II. (1852). p. 123.
Isomerie. Ueber die Isomerie der von Hofmann entdeckten Cyanverbindungen mit den Nitrilen. Kolbe. Ber. 1867. p. 131.
Isoperimetrische Probleme. Die Kriterien des Maximums und Minimums der einfachen Integrale in den isoperimetrischen Problemen. Mayer. Ber. 1877. p. 114.
Jena. Ueber verschiedene Untersuchungen, welche in letzter Zeit im chemischen Laboratorium zu Jena ausgeführt worden sind. Lehmann. Ber. 1862. p. 35.
Jod. Versuche über die Vertretung des Chlors (als Pflanzennährstoff) durch Brom und Jod. Knop und Dircks. Ber. 1869. p. 20.
Jupiter. Ueber die Störungen der grossen Planeten, insbesondere des Jupiter. Hansen. Abh. Bd. XI. (1875). p. 273.
Kali. Methode zur quantitativen Trennung des Kalis und Natrons. Knop. Ber. 1882. p. 21.

Kali. Ueber das von übermangansaurem Kali reflectirte Licht. E. Wiedemann. Ber. 1873. p. 367.
—— Ueber die Zersetzung des Eiweisses unter der Einwirkung des übermangansauren Kalis. Tappeiner. Ber, 1874. p. 171.
Kalk. Eine neue Methode zur Bestimmung des Kalkes und der Phosphorsäure im Blutserum. Pribram. Ber. 1874. p. 279.
—— Ueber die Ursachen der Dimorphie des kohlensauren Kalkes. Credner. Ber. 1870. p. 99.
Kalkspath. Thermoelektrische Eigenschaften. Hankel. Ber. 1874. p. 466. Abh. Bd. XI. (1875). p. 205.
Kaninchen. Der Verlauf der motorischen und sensiblen Bahnen durch das Lendenmark des Kaninchens. Woroschiloff. Ber. 1874. p. 248.
—— Ueber einen Unterschied in den reflectorischen Leitungen des verlängerten und des Rückenmarkes der Kaninchen. Owsjannikow. Ber. 1874. p. 457.
—— Die regressiven Epithelialzellen in der serösen Hülle des Kanincheneies. Slavjansky. Ber. 1872. p. 247.
Kegelschnitte. Ueber die im 5ten Buche der Conica des Apollonius behandelte Aufgabe. Drobisch. Ber. 1856. p. 103.
—— Ueber die Bestimmung eines Kegelschnitts durch fünf Punkte. Schlömilch. Ber. 1855. p. 1.
—— Einige Bemerkungen über die Fusspunktslinien, insbesondere die der Kegelschnitte. Drobisch. Ber. 1857. p. 49.
—— Ueber einen Satz Leibnizens von den Sectoren der Kegelschnitte. Baltzer. Ber. 1855. p. 62. Möbius. Ber. 1856. p. 19.
Kepler. Einige Notizen über Kepler. Bruhns. Ber. 1872. p. 30.
—— Neue directe Auflösung des Kepler'schen Problems. Hansen. Ber. 1852. p. 55.
Kersanton. Die Zusammensetzung desselben. Zirkel. Ber. 1875. p. 199.
Kerzenversuch. Ueber den seitlichen Fenster- und Kerzenversuch. Fechner. Ber. 1861. p. 27.
Kettenbrüche. Einige Bemerkungen über recurrirende Gleichungen, welche auf Kettenbrüche führen. Scheibner. Ber. 1864. p. 44.
—— Ueber die Transformation von Reihen in Kettenbrüche. H. Hankel. Ber. 1862. p. 17.
Klassenzahlen. Ueber Relationen zwischen Klassenzahlen binärer quadratischer Formen von negativer Determinante. Hurwitz. Ber. 1884. p. 193.
—— Ueber die Klassenzahlenrelationen und Modularcorrespondenzen primzahliger Stufe. Hurwitz. Ber. 1885. p. 223.
Kleidermotte. Ueber Erzeugung und Ausscheidung von zweifach harnsaurem Ammoniak durch die Larve der Kleidermotte. Knop. Ber. 1884. p. 9.
Knochen. Ueber die näheren Bestandtheile der menschlichen Knochen. Volkmann. Ber. 1873. p. 275.
—— Ueber die relativen Gewichte der menschlichen Knochen. Volkmann. Ber. 1873. p. 267.
Knotenbewegung. Ueber die Knotenbewegung des Mondes. Hansen. 1847. p. 342.

Kobalt. Ueber das magnetische Verhalten des Nickels und Kobaltes. Hankel. Ber. 1875. p. 189.

Königsberg in Preussen. Bericht über die Beobachtung der totalen Sonnenfinsterniss zu Königsberg am 28. Juli 1851. d'Arrest. Ber. 1851. p. 86.

Körper. Untersuchung über die Bewegung eines Systems starrer Körper. Neumann. Ber. 1869. p. 132.

—— Ueber die rollende Bewegung eines Körpers auf einer gegebenen Horizontal-Ebene unter dem Einfluss der Schwere. Neumann. Ber. 1885. p. 352.

—— Ueber die mittleren Radien der Linien, Flächen und Körper. Drobisch. Ber. 1858. p. 124.

—— Ueber die Rotation eines starren Körpers. Bruns. Ber. 1885. p. 55.

Kohlensäure. Ueber die Kohlensäure in den Blutkörperchen. 1. Abhandlung. Schmidt. Ber. 1867. p. 30.

—— Ueber die Reduction der Kohlensäure zu Oxalsäure. Drechsel. Ber. 1868. p. 6. Kolbe. Ber. 1868. p. 7.

Kosmische Massen. Ueber die Stabilität kosmischer Massen und die physische Beschaffenheit der Cometen. Zöllner. Ber. 1871. p. 174.

Kräfte. Ueber einen Beweis des Satzes vom Parallelogramm der Kräfte. Möbius. Ber. 1850. p. 10.

—— Ueber den Satz vom Parallelogramm der Kräfte. Schlömilch. Ber. 1856. p. 138.

—— Ein neuer statischer Beweis für das Parallelogramm der Kräfte. Schlömilch. Ber. 1860. p. 68.

—— Ueber eine neue Methode zur Messung anziehender und abstossender Kräfte. Zöllner. Ber. 1869. p. 281.

—— Ueber das von Weber für die elektrischen Kräfte aufgestellte Gesetz. Neumann. Abh. Bd. XI. (1874). p. 77.

—— Ueber die den Kräften elektrodynamischen Ursprungs zuzuschreibenden Elementargesetze. Neumann. Abh. Bd. X. (1873). p. 417.

—— Ueber das Elementargesetz derjenigen elektromotorischen Kräfte, welche in einem gegebenen Conductor hervorgebracht werden durch elektrische Ströme, sei es, dass diese Ströme in demselben Conductor, sei es dass sie in irgend einem andern gegen jenen sich bewegenden Conductor stattfinden. Neumann. Ber. 1872. p. 144.

—— Maassbestimmungen der elektromotorischen Kräfte. Hankel. Theil I. Ber. 1861. p. 1. Abh. Bd. VI. (1864). p. 1. Theil II. Ber. 1864. p. 82. Abh. Bd. VII. (1865). p. 585.

—— Zur Theorie der Muskelkräfte. Volkmann. Ber. 1870. p. 57.

Kraft. Ueber die Kraft, welche in einem gereizten Muskel des animalen Lebens thätig ist. Volkmann. Ber. 1854. p. 34.

—— Messungen über die Grösse der Kraft, welche zwischen einer elektrischen Spirale und einem in ihrer Axe befindlichen Eisenkerne in der Richtung dieser Axe wirkt. Hankel. Ber. 1850. p. 78.

—— Ueber das Verhältniss des temporären Magnetismus zur magnetisirenden Kraft und seine Beziehungen zur Wechselwirkung der Metalltheilchen. Börnstein. Ber. 1874. p. 93.

Kreis. Ueber conjugirte Kreise. Möbius. Ber. 1853. p. 1.

Kreis. Ueber imaginäre Kreise. Möbius. Ber. 1857. p. 38.
—— Die Theorie der Kreisverwandtschaft in rein geometrischer Darstellung. Möbius. Abh. Bd. II. (1855). p. 529.
Krümmung. Ableitung der Gauss'schen Formeln für die Flächenkrümmung. Baltzer. Ber. 1866. p. 1.
—— Tafel für die Krümmungsmaasse auf dem Erdsphäroid. Hansen. Ber. 1872. p. 24.
Krystallbildungen bei dem Gefrieren und Veränderung der Zellhäute bei dem Aufthauen saftiger Pflanzentheile. Sachs. Ber. 1860. p. 1.
Krystalle. Ueber das Gesetz der Symmetrie der Krystalle und die Anwendung dieses Gesetzes auf die Eintheilung der Krystalle in Systeme. Möbius. Ber. 1849. p. 65.
—— Ueber die Entwickelung polarer Elektricität in hemimorphen Krystallen durch Aenderung des Drucks in der Richtung der unsymmetrisch ausgebildeten Axen. Hankel. Ber. 1880. p. 144.
—— Uebersicht über die Lehre von der Thermoelektricität der Krystalle, Hankel. Abh. Bd. X. (1879). p. 343.
Krystallinische Gesteine. Ueber die krystallinischen Gesteine längs des 40. Breitegrades in Nordwest-Amerika. Zirkel. Ber. 1877. p. 156.
Krystallographie. Resumé einer grösseren krystallographischen Abhandlung über das Gesetz der Rationalität der Tangenten aller Winkel einer und derselben Zone. Naumann. Ber. 1854. p. 1.
—— Ueber die Rationalität der Tangenten-Verhältnisse tautozonaler Krystallflächen. Naumann. Abh. Bd. II. (1855). p. 505.
Kugel. Die Vertheilung der Elektricität auf einer Kugelcalotte. Neumann. Abh. Bd. XII. (1880). p. 399.
—— Neuer Beweis des in Hamilton's Lectures on Quaternions aufgestellten associativen Princips bei der Zusammensetzung von Bogen grösster Kreise einer Kugelfläche. Möbius. Ber. 1859. p. 138.
Kugelfunctionen. Ueber zwei von G. Cantor und P. du Bois-Reymond über die trigonometrischen Reihen aufgestellte Sätze, und deren Uebertragung auf solche Reihen, die nach Kugelfunctionen fortschreiten. Neumann. Ber. 1881. p. 1.
Kummer'sche Fläche. Einige specielle Fälle der Kummer'schen Fläche. Rohn. Ber. 1884. p. 10.
—— Ueber einen speciellen Fall der Kummer'schen Fläche. Segre. Ber. 1884. p. 132.
Längendifferenz. Bestimmung des Längenunterschiedes zwischen den Sternwarten zu Gotha und Leipzig. Hansen, Auwers und Bruhns. Abh. Bd. VIII. (1866). p. 223.
—— Bestimmung der Längendifferenz zwischen Leipzig und Wien. Bruhns und Weiss. Abh. Bd. X. (1872). p. 203.
—— Neue Bestimmung der Längendifferenz zwischen der Sternwarte in Leipzig und der neuen Sternwarte auf der Türkenschanze in Wien. Bruhns. Abh. Bd. XII. (1880). p. 231.
Lagrange'sche Multiplicatorenmethode. Begründung der Lagrange'schen Multiplicatorenmethode in der Variationsrechnung. Mayer. Ber. 1885. p. 7.

Leber. Zusätze zu seinen Untersuchungen über den Bau der Leber. E. H. Weber. Ber. 1849. p. 151.
—— Zur Anatomie und Physiologie der Leber. Asp. Ber. 1872. p. 170.
—— Ueber die periodische Farbenveränderung, welche die Leber der Hühner und der Frösche erleidet. E. H. Weber. Ber. 1850. p. 15.
—— Neue Mittheilungen über die Lymphgefässe der Leber. Budge. Ber. 1875. p. 161.
—— Von der Lymphe und den Lymphgefässen der Leber. Fleischl. Ber. 1874. p. 42.
—— Einige vergleichende Analysen des Blutes der Pfortader und der Lebervenen. Lehmann. Ber. 1850. p. 131.
Legendre. Ueber Legendre's Auflösung der Apollonischen Aufgabe. Möbius. Ber. 1856. p. 113.
Leibniz. Ueber einen Satz Leibnizens von den Sectoren der Kegelschnitte. Baltzer. Ber. 1855. p. 62. Möbius. Ber. 1856. p. 19.
Leipzig. Bestimmung der Declination im magnetischen Observatorium zu Leipzig. d'Arrest. Ber. 1850. p. 100.
—— Mittheilung über die Ermittelung der Coordinaten der Pleissenburg und verschiedener Thürme in Bezug auf die Leipziger Sternwarte, und über die Construction eines Basisapparates. Bruhns. Ber. 1872. p. 352.
—— Bestimmung des Längenunterschiedes zwischen den Sternwarten zu Gotha und Leipzig. Hansen, Auwers und Bruhns. Abh. Bd. VIII. (1866). p. 225.
—— Bestimmung der Längendifferenz zwischen Leipzig und Wien. Bruhns und Weiss. Abh. Bd. X. (1872). p. 203.
—— Neue Bestimmung der Längendifferenz zwischen der Sternwarte in Leipzig und der neuen Sternwarte auf der Türkenschanze in Wien. Bruhns. Abh. Bd. XII. (1880). p. 284.
Leitung. Zur Frage der sensiblen Leitung im Rückenmark. Miescher. Ber. 1870. p. 404.
—— Ueber den Einfluss der Erwärmung und Erkältung der Nerven auf ihr Leitungsvermögen. E. H. Weber. Ber. 1847. p. 175.
Lendenmark. Vorarbeit für die Erforschung des Reflexmechanismus im Lendenmarke des Frosches. Sanders-Ezn. Ber. 1867. p. 1.
—— Der Verlauf der motorischen und sensiblen Bahnen durch das Lendenmark der Kaninchen. Woroschiloff. Ber. 1874. p. 248.
Leuchten. Vorläufige Mittheilung aus einer Untersuchung über das Leuchten des Phosphors. Marchand. Ber. 1849. p. 126.
—— Notiz über phosphorisches Leuchten des Fleisches. Hankel. Ber. 1861. p. 5.
Leucin. Ueber die Oxydation von Glycocoll, Leucin und Tyrosin. Drechsel. Ber. 1875. p. 172.
Licht. Ueber die Absorption des Lichtes in den eigenen Flammen. Hankel. Ber. 1871. p. 307.
—— Beobachtungen über die Interferenz des Lichtes bei grossen Gangunterschieden. J. J. Müller. Ber. 1871. p. 19.
—— Ueber die elliptische Polarisation des Lichtes und ihre Beziehungen

zu den Oberflächenfarben der Körper. E. Wiedemann. Ber. 1872. p. 263.

Licht. Ueber farbige Reflexion des Lichtes von mattgeschliffenen Flächen bei und nach dem Eintritte einer spiegelnden Zurückwerfung. Hankel. Ber. 1856. p. 163.

—— Ueber das von übermangansaurem Kali reflectirte Licht. E. Wiedemann. Ber. 1873. p. 267.

—— Untersuchung des Weges eines Lichtstrahles durch eine beliebige Anzahl von brechenden sphärischen Oberflächen. Hansen. Abh. Bd. X. (1871). p. 63.

Lichtbilder. Ueber die Anwendung von Lichtbildern zur Beobachtung der Venusvorübergänge vor der Sonne. Hansen. Ber. 1872. p. 65. Zusatz. Ber. 1872. p. 172.

Linie. Ueber die Grundformen der Linien der dritten Ordnung. Möbius. Ber. 1848. p. 11. Abh. Bd. I. (1849). p. 1.

—— Ueber einige neue Eigenschaften der loxodromischen Linie. d'Arrest. Ber. 1853. p. 50.

—— Ueber die mittleren Radien der Linien, Flächen und Körper. Drobisch. Ber. 1858. p. 24.

Logarithmisches Potential. Zur Theorie desselben. Neumann. Ber. 1870. p. 49. 1870. p. 264.

Longimetrie. Ueber eine Methode, um von Relationen, welche der Longimetrie angehören, zu entsprechenden Sätzen der Planimetrie zu gelangen. Möbius. Ber. 1852. p. 41.

Loxodromische Linie. Ueber einige neue Eigenschaften derselben. d'Arrest. Ber. 1853. p. 50.

Lunge. Ueber das Verhältniss der Lungen, als zu ventilirender Lufträume, zu den Bronchien als luftzuleitenden Röhren. Braune und Stahel. Ber. 1835. p. 326.

—— Ueber die Athmung in der Lunge. J. J. Müller. Ber. 1869. p. 149.

—— Ueber die krystallisirenden Bestandtheile des Lungensaftes. Grübler. Ber. 1875. p. 131.

Lymphe und Lymphgefässe. Eine Methode, um grosse Lymphmengen vom lebenden Hunde zu gewinnen. K. A. Lesser. Ber. 1871. p. 590.

—— —— —— Ueber die Abhängigkeit der Lymphabsonderung vom Blutstrom. Emminghaus. Ber. 1873. p. 396.

—— —— —— Ueber die Absonderung der Lymphe im Arme des Hundes. Paschutin. Ber. 1872. p. 95.

—— —— —— Die Aufnahme der Lymphe durch die Sehnen und Fascien der Skeletmuskeln. Genersich. Ber. 1870. p. 142.

—— —— —— Zur näheren Kenntniss der Blut- und Lymphbahnen der Dura mater cerebralis. Michel. Ber. 1872. p. 331.

—— —— —— Ueber Lymphgefässe der Netzhaut und des Glaskörpers. Schwalbe. Ber. 1872. p. 443.

—— —— —— Ueber die Gase der Hunde-Lymphe. Hamarsten. Ber. 1871. p. 647.

—— Die Unterschiede der Blut- und Lymphgase des erstickten Thieres. Tschiriew. Ber. 1874. p. 120.

Lymphe und Lymphgefässe. Ueber Epithelien sowie über die v. Recklinghausen'schen Saftkanälchen, als die vermeintlichen Wurzeln der Lymphgefässe. Schweigger-Seidel. Ber. 1866. p. 329.
—— —— —— Ueber die Peritonealhöhle der Frösche und ihren Zusammenhang mit dem Lymphgefässsysteme. Schweigger-Seidel und Dogiel. Ber. 1866. p. 247.
—— —— —— Von der Lymphe und den Lymphgefässen der Leber. Fleischl. Ber. 1874. p. 42.
—— —— —— Neue Mittheilungen über die Lymphgefässe der Leber. Budge. Ber. 1875. p. 161.
—— —— —— Physiologische Untersuchung über die Abhängigkeit des Pulses der Lymphherzen vom Nervensysteme. Volkmann. Ber. 1849. p. 133.

Maassbestimmungen der elektromotorischen Kräfte. Hankel. Th. I. Ber. 1861. p. 1. Abh. Bd. VI. (1864). p. 1. Th. II. Ber. 1864. p. 32. Abh. Bd. VII. (1865). p. 585.
——, elektrodynamische s. Elektrodynamik und Elektrodynamische Maassbestimmungen.
—— Ueber die Correctionen bezüglich der Genauigkeitsbestimmung der Beobachtungen, der Bestimmung der Schwankungen meteorologischer Einzelwerthe um ihren Mittelwerth, und der psychophysischen Maassbestimmungen nach der Methode der mittleren Fehler. Ber. 1861. p. 57.

Maassstab. Von der Bestimmung der Theilungsfehler eines geradlinigen Maassstabes. Hansen. Abh. Bd. X. (1874). p. 525.

Maclaurin'sche Summenformel. Zur Theorie derselben. Scheibner. Ber. 1857. p. 190.

Magensaft. Ueber die sauere Reaction desselben. Lehmann. Ber. 1846. p. 100.

Magnetische Beziehungen. Ueber den Ursprung des Erdmagnetismus und die magnetischen Beziehungen der Weltkörper. Zöllner. Ber. 1871. p. 479.

Magnetische Declination. Bestimmung der Declination im magnetischen Observatorium zu Leipzig. d'Arrest. Ber. 1850. p. 100.
—— —— Ueber die photographische Registrirung der magnetischen Declination. Reich. Ber. 1859. p. 205.

Magnetische Polarität. Beobachtungen über die magnetische Polarität des Pöhlberges bei Annaberg. Reich. Ber. 1848. p. 237.

Magnetisches Verhalten des Nickels und des Kobaltes. Hankel. Ber. 1875. p. 189.

Magnetismus. Ueber das Verhältniss des temporären Magnetismus zur magnetisirenden Kraft und seine Beziehungen zur Wechselwirkung der Metalltheilchen. Börnstein. Ber. 1874. p. 93.

Magneto-elektrische Reizung. Untersuchung der Wirkungen, welche die magnetoelektrische Reizung der Blutgefässe bei lebenden Thieren hervorbringt. E. H. Weber. Ber. 1846. p. 91.

Magnetpol. Ueber die abstossende Wirkung eines Magnetpoles auf unmagnetische Körper. Reich. Ber. 1847. p. 234.

Maispflanze. Ueber eine merkwürdige Umgestaltung der Inflorescenz der Maispflanze bei künstlicher Ernährung. Knop. Ber. 1878. p. 39.

Marekanite. Ueber das vermeintliche Leitungsvermögen der Marekanite für Electricität. Hankel. Ber. 1854. p. 118.

Mars. Ueber 2 Tafeln mit Zeichnungen von Mars und dem Zodiakallicht von Weinek. Bruhns. Ber. 1878. p. 14.

Massen. Ueber die Bestimmung der Massen und der Trägheitsmomente symmetrischer Rotationskörper von ungleichförmiger Dichtigkeit. Schlömilch. Abh. Bd. II. (1854). p. 377.

—— Ueber die Stabilität kosmischer Massen und die physische Beschaffenheit der Cometen. Zöllner. Ber. 1871. p. 171.

Mathematische Behandlung organischer Gestalten und Processe Fechner. Ber. 1849. p. 50.

Mathematische Bemerkungen. Baltzer. Ber. 1878. p. 323.

Maximum und Minimum. Ueber die Bedeutung der Begriffe »Maximum und Minimum« in der Variationsrechnung. Scheeffer. Ber. 1885. p. 92.

—— —— Zur Aufstellung der Kriterien des Maximums und Minimums der einfachen Integrale bei variabeln Grenzwerthen. Mayer. Ber. 1884. p. 99.

—— —— Die Kriterien des Maximums und Minimums der einfachen Integrale in den isoperimetrischen Problemen. Mayer. Ber. 1877. p. 114.

—— —— Ueber die kürzesten und weitesten Abstände eines gegebenen Punktes von einer gegebenen Oberfläche und die dritte Variation in den Problemen des gewöhnlichen Maximums und Minimums. Mayer. Ber. 1881. p. 28.

Mechanisches Problem. Ueber ein mechanisches Problem. Drobisch. Ber. 1866. p. 7.

Medulla oblongata. Ueber die Lage des sogenannten Gefässcentrums in der Medulla oblongata. Dittmar. Ber. 1873. p. 449.

Meissner. Ueber die von G. Meissner an der Oberfläche des menschlichen Körpers beobachteten elektrischen Erscheinungen. Hankel. Ber. 1862. p. 56.

Mellit. Thermoelektrische Eigenschaften. Hankel. Ber. 1881. p. 65. Abh. Bd. XII. (1882). p. 553.

Mellit(h)säure (Honigsteinsäure). Ueber die Mellit(h)säure. Erdmann und Marchand. Ber. 1848. p. 15.

Menschlicher Körper. Ueber die Intercostalvenen desselben. Braune. Ber. 1883. p. 76.

—— —— Ueber die Gewichtsverhältnisse der Muskeln desselben im Allgemeinen. E. F. Weber. Ber. 1849. p. 79.

—— —— Ueber die von G. Meissner an der Oberfläche desselben beobachteten elektrischen Erscheinungen. Hankel. Ber. 1862. p. 56.

—— —— Untersuchungen über die Mengenverhältnisse des Wassers und der Grundstoffe desselben. Volkmann. Ber. 1874. p. 202.

Metalle. Ueber Electricitätserregung zwischen Metallen und erhitzten Salzen. Hankel. Ber. 1857. p. 187. Abh. Bd. IV. (1858). p. 253.

Metalle. Ueber das elektrische Verhalten der in Wasser oder Salzlösungen getauchten Metalle bei Bestrahlung durch Sonnen- oder Lampenlicht. Hankel. Ber. 1875. p. 299.
— Ueber das Verhältniss des temporären Magnetismus zur magnetisirenden Kraft und seine Beziehungen zur Wechselwirkung der Metalltheilchen. Börnstein. Ber. 1874. p. 93.
Meteorologische Einzelwerthe. Ueber die Correctionen bezüglich der Genauigkeitsbestimmung der Beobachtungen, der Bestimmung der Schwankungen meteorologischer Einzelwerthe um ihren Mittelwerth und der psychophysischen Maassbestimmungen nach der Methode der mittleren Fehler. Fechner. Ber. 1864. p. 57.
Methode der kleinsten Quadrate. Beiträge zur Methode der kleinsten Quadrate. d'Arrest. Ber. 1854. p. 133.
— — — — Von der Methode der kleinsten Quadrate im Allgemeinen und in ihrer Anwendung auf die Geodäsie. Hansen. Abh. Bd. VIII. (1867). p. 571. 10 Supplemente dazu. Abh. Bd. IX. (1868). p. 1.
Mimetesit. Thermoelektrische Eigenschaften. Hankel. Ber. 1881. p. 65. Abh. Bd. XII. (1882). p. 555.
Minerale des Blutserums. Ueber die Bestimmung derselben durch directe Fällung. Gerlach. Ber. 1872. p. 349.
Missgeburten. Ueber die Fortdauer der Ernährung und des Wachsthums der schon gebildeten Nerven und Muskeln und anderer Theile bei zwei menschlichen Missgeburten, bei welchen das Gehirn und Rückenmark mangelte. E. H. Weber. Ber. 1854. p. 136.
Mittelgrössen. Ueber Mittelgrössen und die Anwendbarkeit derselben auf die Berechnung des Steigens und Sinkens des Geldwerthes. Drobisch. 1871. p. 25.
Mittelwerthe. Ueber Mittelwerthe. Scheibner. Ber. 1873. p. 562.
— Ueber Mittelwerthe verschiedener Ordnungen. Schlömilch. Ber. 1858. p. 77.
Modularcorrespondenzen. Ueber die Klassenzahlrelationen und Modularcorrespondenzen primzahliger Stufe. Hurwitz. Ber. 1885. p. 222.
Modulargleichungen. Ueber die Galois'sche Gruppe der Modulargleichungen für den Transformationsgrad q^n. Gierster. Ber. 1885. p. 294.
Modulfunctionen. Neue Untersuchungen über elliptische Modulfunctionen der niedersten Stufen. Klein. Ber. 1885. p. 70.
Möbius. Eine Erinnerung an Möbius und seinen Freund Weiske. Baltzer. Ber. 1885. p. 1.
— Zu Möbius' Polyedertheorie. Reinhardt. Ber. 1885. p. 106.
Mond. Ueber die Bestimmung der Figur des Mondes, in Bezug auf Aufsätze von Newcomb und Delaunay darüber. Hansen. Ber. 1871. p. 1.
— Ueber die Darstellung der geraden Aufsteigung und Abweichung des Mondes in Function der Länge in der Bahn und der Knotenlänge. Hansen. Abh. Bd. X. (1874). p. 669.
— Ueber die Knotenbewegung des Mondes. Hansen. Ber. 1847. p. 342.

Mond. Einige Bemerkungen über die Säcularänderung der mittleren Länge des Mondes. Hansen. Ber. 1863. p. 1.

Mondfinsterniss. Ueber die Mondfinsterniss im Jahre 33 nach Christi Geburt am 3. April. Bruhns. Ber. 1878. p. 98.

Mondtafeln. Darlegung der theoretischen Berechnung der in den Mondtafeln angewandten Störungen. Hansen. I. Abh. Bd. VI. (1862). p. 91. II. Abh. Bd. VII. (1864). p. 1.

Monokotyledonen. Neue Beiträge zur Kenntniss der Embryobildung der Monokotyledonen. Hofmeister. Abh. Bd. V. (1861). p. 629.

Moose. Zur Morphologie der Moose. Hofmeister. Ber. 1854. p. 92.

Moringerbsäure. Mittheilung über Wagner's Untersuchung der Moringerbsäure und ihrer Zersetzungsproducte. Erdmann. Ber. 1851. p. 8.

Motorische und sensible Bahnen. Verlauf derselben durch das Lendenmark des Kaninchen. Woroschiloff. Ber. 1874. p. 248.

Motorische Nerven. Ueber die motorischen Nerven der Arterien, welche innerhalb der quergestreiften Muskeln verlaufen. Hafiz. Ber. 1870. p. 215.

—— —— Die Reflexe eines der sensiblen Nerven des Herzens auf die motorischen der Blutgefässe. Cyon und Ludwig. Ber. 1866. p. 307.

Multiplication. Zur Theorie der complexen Multiplication der elliptischen Functionen. Pick. Ber. 1885. p. 15.

Multiplicatorenmethode. Begründung der Lagrange'schen Multiplicatorenmethode in der Variationsrechnung. Mayer. Ber. 1885. p. 7.

Multiplicatorgleichungen. Ueber Multiplicatorgleichungen höherer Stufe. Biedermann. Ber. 1885. p. 205.

Musikalische Tonbestimmung. Ueber musikalische Tonbestimmung und Temperatur. Drobisch. Abh. Bd. II. (1852). p. 1.

Musikalische Tonverhältnisse. Nachträge zur Theorie derselben. Drobisch. Abh. Bd. III. (1853). p. 1.

Muskeln. Ueber den Blutstrom in den ruhenden, verkürzten und ermüdeten Muskeln des lebenden Thieres. Sadler. Ber. 1869. p. 189.

—— Das Verhalten der Gase, welche mit dem Blut durch den reizbaren Säugethiermuskel strömen. Ludwig und Schmidt. Ber. 1868. p. 12.

—— Ueber das Zustandekommen der Muskelcontractionen im Verlaufe der Zeit. Volkmann. Ber. 1851. p. 1.

—— Kritische und experimentelle Widerlegung der von Volkmann gegen die Untersuchungen des Verfassers über die Elasticität der Muskeln aufgestellten Einwürfe und Beobachtungen. E. F. Weber. Ber. 1856. p. 167.

—— Ueber die Ermüdung und Erholung der quergestreiften Muskeln. Kronecker. Ber. 1871. p. 690.

—— Ueber die Fortdauer der Ernährung und des Wachsthums der schon gebildeten Nerven und Muskeln und anderer Theile bei zwei menschlichen Missgeburten, bei welchen das Gehirn und Rückenmark mangelte. E. H. Weber. Ber. 1854. p. 136.

—— Ueber die Längenverhältnisse der Fleischfasern der Muskeln im Allgemeinen. E. F. Weber. Ber. 1851. p. 64.

—— Ueber die Gewichtsverhältnisse der Muskeln des menschlichen Körpers im Allgemeinen. E. F. Weber. Ber. 1849. p. 79.

Muskeln. Ueber die Abhängigkeit der Entstehung der animalischen Muskeln von der der animalischen Nerven, erläutert durch eine Missbildung. E. H. Weber und E. F. Weber. Ber. 1849. p. 136.
—— Ueber die Kraft, welche in einem gereizten Muskel des animalen Lebens thätig ist. Volkmann. Ber. 1851. p. 54.
—— Zur Theorie der Muskelkräfte. Volkmann. Ber. 1870. p. 57.
—— Ueber die motorischen Nerven der Arterien, welche innerhalb der quergestreiften Muskeln verlaufen. Hafiz. Ber. 1870. p. 215.
—— Versuche über Muskelreizbarkeit. Volkmann. Ber. 1856. p. 1.
—— Beitrag zur Lehre von der Muskelreizbarkeit. Funke. Ber. 1859. p. 257.
—— Ueber den Einfluss einiger willkürlich Veränderlichen auf die Zuckungshöhe des untermaximal gereizten Muskels. Tiegel. Ber. 1875. p. 81.
—— Ueber die Eigenthümlichkeiten der Reizbarkeit, welche die Muskelfasern des Herzens zeigen. Bowditch. Ber. 1871. p. 652.
—— Ueber den Gang der Muskelübung. Fechner. Ber. 1857. p. 113.
Myographioncurven. Ueber photographische Vervielfältigung derselben. Funke. Ber. 1860. p. 65.
Nährfette. Ueber die Zusammensetzung und das Schicksal der in das Blut eingetretenen Nährfette. Röhrig. Ber. 1874. p. 1.
Natrolith. Thermoelektrische Eigenschaften. Hankel. Ber. 1878. p. 36. Abh. Bd. XII. (1878). p. 33.
Natron. Ueber die Bedeutung des Eisens, Chlors, Broms, Jods und Natrons als Pflanzennährstoffe. Knop. Ber. 1869. p. 1.
—— Methode zur quantitativen Trennung des Kalis und Natrons. Knop. Ber. 1882. p. 21.
Nautilus Pompilius. Ueber die logarithmische Spirale von Nautilus Pompilius und Ammonites galeatus. Naumann. Ber. 1848. p. 26.
Nebelflecke. Resultate aus Beobachtungen der Nebelflecken und Sternhaufen. Erste Reihe. d'Arrest. Abh. Bd. III. (p. 1856). p. 293.
Nerven. Ueber die Fortdauer der Ernährung und des Wachsthums der schon gebildeten Nerven und Muskeln und anderer Theile bei zwei menschlichen Missgeburten, bei welchen das Gehirn und Rückenmark mangelte. E. H. Weber. Ber. 1851. p. 136.
—— Ueber den Einfluss der Erwärmung und Erkältung der Nerven auf ihr Leitungsvermögen. E. H. Weber. Ber. 1847. p. 175.
—— Ueber die motorischen Nerven der Arterien, welche innerhalb der quergestreiften Muskeln verlaufen. Hafiz. Ber. 1870. p. 215.
—— Die Reflexe eines der sensiblen Nerven auf die motorischen der Blutgefässe. Cyon und Ludwig. Ber. 1866. p. 307.
—— Beobachtungen über Gefässnerven. Asp. Ber. 1867. p. 135.
—— Die tonischen und reflectorischen Centren der Gefässnerven. Owsjannikow. Ber. 1871. p. 135.
—— Ueber die Abhängigkeit der mittleren Strömung des Blutes von dem Erregungsgrad der sympathischen Gefässnerven. Slavjansky. Ber. 1873. p. 665.
—— Ueber die Reizung der Hautnerven durch verdünnte Schwefelsäure. Baxt. Ber. 1871. p. 309.

Nerven. Ueber die Interferenz der retardirenden und beschleunigenden Herznerven. Bowditch. Ber. 1873. p. 195.
—— Ueber die Nerven des Peritoneum. Cyon. Ber. 1868. p. 119.
Nervenerregung. Ueber die Erweiterungen der Arterien in Folge einer Nervenerregung. Lovén. Ber. 1866. p. 85.
Nervensubstanz. Ueber die Reaction der Nervensubstanz. Funke. Ber. 1859. p. 161.
Nervensystem. Physiologische Untersuchung über die Abhängigkeit des Pulses der Lymphherzen vom Nervensystem. Volkmann. Ber. 1849. p. 133.
Nervenwurzeln. Ueber den Einfluss der hinteren Nervenwurzeln des Rückenmarkes auf die Erregbarkeit der vorderen. Cyon. Ber. 1865. p. 85.
Nervus splanchnicus. Ueber den Einfluss des gereizten Nervus splanchnicus auf den Blutstrom innerhalb und ausserhalb seines Verbreitungsbezirkes. v. Basch. Ber. 1875. p. 373.
Nervus vagus. Wie ändern sich durch die Erregung des Nervus vagus die Arbeit und die inneren Reize des Herzens? Coats. Ber. 1869. p. 360.
—— —— Ueber die Stellung des Nervus vagus zum n. accelerans cordis. Baxt. Ber. 1875. p. 323.
Netzhaut. Ueber die Lymphbahnen der Netzhaut und des Glaskörpers. Schwalbe. Ber. 1872. p. 112.
Neumann's Theorie inducirter Ströme. Bemerkungen zu derselben. W. Weber. Ber. 1849. p. 1.
Newton. Ueber Newton's Auflösung der numerischen Gleichungen. Baltzer. Ber. 1866. p. 358.
Newton'sches und logarithmisches Potential. Zur Theorie desselben. Neumann. Ber. 1870. p. 49. 264.
Nickel. Ueber das magnetische Verhalten des Nickels und des Kobaltes. Hankel. Ber. 1875. p. 189.
Nitrile. Ueber die Isomerie der von Hofmann entdeckten Cyanverbindungen mit den Nitrilen. Kolbe. Ber. 1867. p. 131.
Nordlicht. Ueber das Nordlicht und seine Beziehung zur Wolkenbildung. Zöllner. Ber. 1871. p. 329.
—— Ueber das Spectrum des Nordlichtes. Zöllner. Ber. 1870. p. 254.
—— Untersuchungen über das Spectrum des Nordlichtes. Vogel. Ber. 1871. p. 285.
Numerische Gleichungen. Ueber Newton's Auflösung der numerischen Gleichungen. Baltzer. Ber. 1866. p. 358.
Oberflächen. Untersuchung des Weges eines Lichtstrahles durch eine beliebige Anzahl von brechenden sphärischen Oberflächen. Hansen. Abh. Bd. X. (1871). p. 63.
Oberflächenfarben. Ueber die elliptische Polarisation des Lichtes und ihre Beziehungen zu den Oberflächenfarben der Körper. E. Wiedemann. Ber. 1872. p. 263.
Oberschenkel. Ueber einen Saug- und Druckapparat an den Fascien des Oberschenkels des Menschen, durch welchen das Blut bei gewissen Bewegungen des Oberschenkels in den in die Bauchhöhle

übergehenden Stamm der Schenkelvene gehoben und nach der Vena cava inferior zu fortbewegt wird. Braune. Ber. 1870. p. 261.

Objectiv. Dioptrische Untersuchungen, insbesondere über das Hansen'sche Objectiv. Scheibner. Abh. Bd. XI. (1876). p. 541.

Ocularspectroscop. Ueber ein einfaches Ocularspectroscop für Sterne. Zöllner. Ber. 1874. p. 24.

Ohr. Ueber die ungleiche Deutlichkeit des Gehörs auf linkem und rechtem Ohre. Fechner. Ber. 1860. p. 166.

Olfactoria regio des Frosches. Ueber den Bau der Schleimhaut derselben. Paschutin. Ber. 1873. p. 257.

Olufsen. Zusatz zu den Sonnentafeln von P. A. Hansen und C. F. R. Olufsen. Hansen. Ber. 1857. p. 5.

Ophioglosseen. Ueber die Ophioglosseen. Hofmeister. Abh. Bd. III (1857). p. 657.

Ordinate und Abscisse. Historische Bemerkungen über dieselben. Baltzer. Ber. 1865. p. 5.

Organische Gestalten und Processe. Ueber die mathematische Behandlung organischer Gestalten und Processe. Fechner. Ber. 1849. p. 50.

Orthoklas. Thermoelektrische Eigenschaften. Hankel. Ber. 1875. p. 184. Abh. Bd. XI. (1875). p. 501.

Oxalsäure. Ueber Reduction der Kohlensäure zu Oxalsäure. Drechsel. Ber. 1868. p. 6. Kolbe. p. 7.

Parabel. Zur Theorie der sphärischen Parabel. d'Arrest. Ber. 1853. p. 58.

Parallelentheorie. Ueber die Hypothese der Parallelentheorie. Baltzer. Ber. 1870. p. 95.

Parallelogramm der Kräfte s. Kräfte.

Parthenope. Ueber den 19. Hauptplaneten Parthenope. d'Arrest. Ber. 1850. p. 58.

Pascal'sches Theorem, das in einen Kegelschnitt beschriebene Sechseck betreffend. Verallgemeinerung desselben. Möbius. Ber. 1847. p. 170.

Pendel. Zur Geschichte des Horizontalpendels. Zöllner. Ber. 1872. p. 183.

—— Ueber Construction des Bohnenberger'schen Reversionspendels, zur Bestimmung der Pendellänge für eine bestimmte Schwingungsdauer im Verhältniss zu einem gegebenen Längenmaass. W. Weber. Ber. 1883. p. 7.

Pennin. Thermoelektrische Eigenschaften. Hankel. Ber. 1881. p. 66. Abh. Bd. XII. (1882). p. 561.

Pericarpien. Ueber die zu Gallerte aufquellenden Zellen der Aussenfläche von Samen und Pericarpien. Hofmeister. Ber. 1858. p. 18.

Periklin. Thermoelektrische Eigenschaften. Hankel. Ber. 1875. p. 187. Abh. Bd. XI. (1875). p. 531.

Periodische Cometen. Ueber die Gruppirung der periodischen Cometen. d'Arrest. Ber. 1851. p. 31.

Periodische Functionen. Ueber periodische Functionen. Scheibner. Ber. 1863. p. 64.

Peripolare Coordinaten. Ueber die peripolaren Coordinaten. Neumann. Ber. 1877. p. 134. Abh. Bd. XII. (1880). p. 363.

Peritonealhöhle. Ueber die Peritonealhöhle bei Fröschen und ihren Zusammenhang mit dem Lymphgefässsysteme. Schweigger-Seidel und Dogiel. Ber. 1865. p. 247.
Peritoneum. Ueber die Nerven des Peritoneum. Cyon. Ber. 1868. p. 119.
Pferd. Ueber das chemische Verhalten des russischen und canadischen Castoreum und des Smegma praeputii des Pferdes. Lehmann. Ber. 1848. p. 200.
Pflanze. Ueber die Aufnahme verschiedener Substanzen durch die Pflanze, welche nicht zu den Nährstoffen gehören. Knop. Ber. 1885. p. 39.
—— Chemisch-physiologische Untersuchungen über die Ernährung der Pflanze. Knop und Dworzak.. Ber. 1875. p. 29.
—— Einige neue Resultate der Untersuchung über die Ernährung der Pflanze. Knop. Ber. 1877. p. 109.
—— Versuche über die Ursache der Gelbsucht. Knop. Ber. 1869. p. 8.
—— Versuche an chlorotischen Pflanzen. Knop. Ber. 1869. p. 6.
—— Ueber das Steigen des Saftes der Pflanzen. Hofmeister. Ber. 1857. p. 149.
Pflanzentheile. Ueber die durch die Schwerkraft bestimmten Richtungen von Pflanzentheilen. Hofmeister. Ber. 1860. p. 175.
—— Krystallbildungen bei dem Gefrieren und Veränderung der Zellhäute bei dem Aufthauen saftiger Pflanzentheile. Sachs. Ber. 1860. p. 1.
—— Ueber die Beugungen saftreicher Pflanzentheile nach Erschütterung. Hofmeister. Ber. 1859. p. 175.
Pfortader. Einige vergleichende Analysen des Blutes der Pfortader und der Lebervenen. Lehmann. Ber. 1850. p. 131.
Phanerogamen. Uebersicht neuerer Beobachtungen der Befruchtung und Embryobildung der Phanerogamen. Hofmeister. Ber. 1856. p. 77.
—— Neue Beiträge zur Kenntniss der Embryobildung der Phanerogamen. Hofmeister. I. Abh. Bd. IV. (1859). p. 533. II. Abh. Bd. V. (1861). p. 629.
—— Ueber die Vergleichung einiger Theile der Generationsorgane phanerogamer Gewächse mit entsprechenden Theilen bei den Wirbelthieren. E. H. Weber. Ber. 1854. p. 81.
Phenakit. Thermoelektrische Eigenschaften. Hankel. Ber. 1881. p. 66. Abh. Bd. XII. (1882). p. 558.
Phoca vitulina. Einige Bemerkungen über den Bau des Seehundes. E. H. Weber. Ber. 1850. p. 108.
Phosphor. Vorläufige Mittheilung aus einer Untersuchung über das Leuchten des Phosphors. Marchand. Ber. 1849. p. 126.
Phosphorisches Leuchten des Fleisches. Notiz über dasselbe. Hankel. Ber. 1861. p. 5.
Phosphorsäure. Eine neue Methode zur Bestimmung des Kalkes und der Phosphorsäure im Blutserum. Pribram. Ber. 1871. p. 279.
Photoelektricität. Ueber die Photoelektricität des Flussspathes. Hankel. Ber. 1877. p. 71.
Photo- und thermoelektrische Eigenschaften des Flussspathes. Hankel. Ber. 1879. p. 45. Abh. Bd. XII. (1879). p. 201.

Photographische Registrirung der magnetischen Declination. Reich. Ber. 1859. p. 205.
Photographische Vervielfältigung der Myographioncurven. Funke. Ber. 1860. p. 65.
Piezo- und aktinoelektrische Eigenschaften des Bergkrystalles und ihre Beziehung zu den thermoelektrischen. Hankel. Ber. 1881. p. 52. Abh. Bd. XII. (1881). p. 437.
Planeten. Ueber Beobachtungen und Bahnelemente des von Graham entdeckten Planeten [Metis]. (Möbius und) d'Arrest. Ber. 1848. p. 115.
—— Mittheilungen über den neu entdeckten Planeten Hygiea. d'Arrest. Ber. 1849. p. 121.
—— Ueber den neunzehnten Hauptplaneten Parthenope*). d'Arrest. Ber. 1850. p. 53.
—— Ueber die Entdeckung und die ersten Beobachtungen des Planeten Victoria und des dreizehnten Hauptplaneten [Egeria]**). d'Arrest. Ber. 1850. p. 105.
—— Ueber das Rotationsgesetz der Sonne und der grossen Planeten. Zöllner. Ber. 1871. p. 49.
—— Auseinandersetzung einer zweckmässigen Methode zur Berechnung der absoluten Störungen der kleinen Planeten. Hansen. Erste Abhandlung. Ber. 1855. p. 53 (Vorwort). — Abh. Bd. III. (1856). p. 41. Zweite Abhandlung. Ber. 1857. p. 1. (Einleitende Bemerkungen). Abh. Bd. IV. (1857). p. 1. Dritte Abhandlung. Ber. 1859. p. 36. (Einleitende Bemerkungen.) Abh. Bd. V. (1859). p. 81.
—— Ueber die Störungen der grossen Planeten, insbesondere des Jupiter. Hansen. Abh. Bd. XI. (1875). p. 273.
Planimetrie. Ueber eine Methode, um von Relationen, welche der Longimetrie angehören, zu entsprechenden Sätzen der Planimetrie zu gelangen. Möbius. Ber. 1852. p. 41.
Planorbis corneus. Ueber die cyclocentrische Conchospirale und über das Windungsgesetz von Planorbis corneus. Naumann. Ber. 1847. p. 164. Abh. Bd. I. (1849). p. 169.
Pleissenburg. Mittheilung über die Ermittelung der Coordinaten der Pleissenburg und verschiedener Thürme in Bezug auf die Leipziger Sternwarte. Bruhns. Ber. 1872. p. 352.
Pleurawand. Ueber Aufsaugung und Absonderung der Pleurawand. Dybkowsky. Ber. 1866. p. 491.
Plexus myentericus. Ueber den Auerbach'schen Plexus myentericus. Gerlach. Ber. 1873. p. 1.
Plutonische Frage. Ueber den Traversellit und seine Begleiter — Pyrgom, Epidot, Granat — ein neuer Beitrag zur Beantwortung der plutonischen Frage. Scheerer. Ber. 1858. p. 91.
Pöhlberg. Ueber die magnetische Polarität des Pöhlberges bei Annaberg. Reich. Ber. 1848. p. 237.
Polare Elektricität. Ueber die Entwickelung polarer Elektricität in hemimorphen Krystallen durch Aenderung des Druckes in der Richtung der unsymmetrisch ausgebildeten Axen. Hankel. Ber. 1880. p. 144.

---

*) Parthenope (11). **) Egeria (13).

Polarisation. Ueber die elliptische Polarisation des Lichtes und ihre Beziehungen zu den Oberflächenfarben der Körper. E. Wiedemann. Ber. 1872. p. 263.
—— Untersuchungen über die galvanische Polarisation durch Chlor und Wasserstoff. Macaluso. Ber. 1873. p. 306.
Polarisationsstrom. Notiz über einen Wechsel in der Richtung des Polarisationsstromes nach Durchleitung von abwechselnd entgegengesetzt gerichteten galvanischen Strömen. Hankel. Ber. 1875. p. 321.
Polarität. Ueber die magnetische Polarität des Pöhlberges bei Annaberg. Reich. Ber. 1848. p. 237.
Polyeder. Ueber die Bestimmung des Inhalts eines Polyeders. Möbius. Ber. 1865. p. 31.
—— Zu Möbius' Polyedertheorie. Reinhardt. Ber. 1885. p. 106.
Positionswinkel. Ermittelung des mit Θ bezeichneten Positionswinkels. Hansen. Ber. 1870. p. 198.
Potential. Zur Theorie des Logarithmischen und des Newton'schen Potentiales. Neumann. Ber. 1870. p. 49. 264.
—— Entwickelung nach Elementarpotentialen. Neumann. Ber. 1878. p. 47.
—— Neue Methode zur Reduction gewisser Potentialaufgaben. Neumann. Ber. 1878. p. 1.
Potentialgesetz. Zur Widerlegung des elementaren Potentialgesetzes von Helmholtz durch elektrodynamische Versuche mit geschlossenen Strömen. Zöllner. Ber. 1876. p. 227.
Potentialkräfte. Ueber den allgemeinsten Ausdruck der innern Potentialkräfte eines Systems bewegter materieller Punkte. Mayer. Ber. 1877. p. 86.
Potenz. Entwickelung des Productes einer Potenz des Radius Vectors mit dem Sinus oder Cosinus eines Vielfachen der wahren Anomalie in Reihen, die nach den Sinussen oder Cosinussen der Vielfachen der wahren, excentrischen oder mittleren Anomalie fortschreiten. Hansen. Ber. 1853. p 1. Abh. Bd. II. (1853). p. 181. Nachtrag. Ber. 1866. p. 124.
—— Entwickelung der negativen und ungraden Potenzen der Quadratwurzel der Function $r^2 + r'^2 - 2rr' (\cos U \cos U' + \sin U \sin U' \cos J)$. Hansen. Abh. Bd. II. (1854). p. 283.
—— Ueber die Summen von Potenzen der reciproken natürlichen Zahlen. Schlömilch. Ber. 1877. p. 106.
Prehenit. Thermoelektrische Eigenschaften. Hankel. Ber. 1878. p. 36. Abh. Bd. XII. (1878). p. 28.
Preisaufgabe, astronomische, der Fürstlich Jablonowskischen Gesellschaft für d. J. 1848. Ber. 1846. p. 115.
Princip der Energie. Ueber die von Helmholtz in die Theorie der elektrischen Vorgänge eingeführten Prämissen mit besonderer Rücksicht auf das Princip der Energie. Neumann. Ber. 1871. p. 450.
—— —— —— Elektrodynamische Maassbestimmungen, insbesondere über das Princip der Erhaltung der Energie. W. Weber. Abh. Bd. X. (1871). p. 1.

Princip der virtuellen oder facultativen Verrückungen. Ueber dasselbe. Neumann. Ber. 1879. p. 53.

Problem der drei Körper. Notiz über dasselbe. Scheibner. Ber. 1866. p. 33. 370.

——, Florentiner s. Florentiner Problem.

Product. Entwickelung des Products einer Potenz des Radius Vectors mit dem Sinus oder Cosinus eines Vielfachen der wahren Anomalie in Reihen, die nach den Sinussen oder Cosinussen der Vielfachen der wahren, excentrischen oder mittleren Anomalie fortschreiten. Hansen. Ber. 1853. p. 1. Abh. Bd. II. (1853). p. 181. Nachtrag. Ber. 1866. p. 124.

Prosopit. Mineralogische Charakteristik des Prosopit. Scheerer. Ber. 1856. p. 115.

Protein. Ueber den krystallisirbaren Stoff des Blutes. Lehmann. Ber. 1852. p. 78.

—— Weitere Mittheilungen über die krystallisirbare Proteinsubstanz des Blutes. Lehmann. Ber. 1853. p. 101.

Protuberanzen. Ueber die Beobachtung von Protuberanzen. Zöllner. Ber. 1869. p. 145.

Psamma arenaria. Versuche über die Vegetation des Strandhafers in kalihaltigen und kalifreien, ferner in chlor-, jod- und bromhaltigen und natronhaltigen Nährlösungen. Weigelt und Knop. Ber. 1869. p. 24.

Psychophysisches Grundgesetz. Ueber ein wichtiges psychophysisches Grundgesetz und dessen Beziehung zur Schätzung der Sterngrössen. Fechner. Abh. Bd. IV. (1858). p. 455. Nachtrag. Ber. 1859. p. 58.

—— Neue Ableitung der Grundformeln von Fechner's Psychophysik. Drobisch. Ber. 1861. p. 20.

—— Ueber die Frage des psychophysischen Grundgesetzes mit Rücksicht auf Aubert's Versuche. Fechner. Ber. 1864. p. 1.

—— Ueber eine neue Ableitung des Hauptsatzes der Psychophysik. J. J. Müller. Ber. 1870. p. 328.

Psychophysische Maassbestimmungen. Ueber die Correctionen bezüglich der Genauigkeitsbestimmungen der Beobachtungen, der Bestimmung der Schwankungen meteorologischer Einzelwerthe um ihren Mittelwerth, und der psychophysischen Maassbestimmungen nach der Methode der mittleren Fehler. Fechner. Ber. 1861. p. 57.

Puls. Physiologische Untersuchung über die Abhängigkeit des Pulses der Lymphherzen vom Nervensysteme. Volkmann. Ber. 1849. p. 133.

Pulslehre. Ueber die Anwendung der Wellenlehre auf die Lehre vom Kreislaufe des Blutes und insbesondere auf die Pulslehre. E. H. Weber. Ber. 1850. p. 164.

Punkte. Ueber die kürzesten und weitesten Abstände eines gegebenen Punktes von einer gegebenen Oberfläche und die dritte Variation in den Problemen des gewöhnlichen Maximums und Minimums. Mayer. Ber. 1881. p. 28.

—— Ueber die Involution von Punkten in einer Ebene. Möbius. Ber. 1853. p. 176.

Punkte. Ueber Erweiterungen des Begriffs der Involution von Punkten Schlömilch. Ber. 1853. p. 33.
—— Ueber die Entstehung eines beliebigen x-fachen Punktes einer Fläche aus dem gewöhnlichen x-fachen Punkt. Rohn. Ber. 1884. p. 1.
—— Ueber die relative Bewegung eines Systems materieller Punkte um den Schwerpunkt. Mayer. Ber. 1879. p. 84.
—— Ueber den allgemeinsten Ausdruck der inneren Potentialkräfte eines Systems bewegter materieller Punkte. Mayer. Ber. 1877. p. 86.
—— Ueber die Gestalt sphärischer Curven, welche keine merkwürdigen Punkte haben. Möbius. Ber. 1848. p. 179.
—— Theorie der collinearen Involution von Punktenpaaren in einer Ebene und im Raume. Möbius. Ber. 1856. p. 143.
Pyrgom als Begleiter des Traversellits. Scheerer. Ber. 1858. p. 96.
Pyromellithsäure. Ueber die Pyromellithsäure. Erdmann. Ber. 1851. p. 14.
Pyromorphit. Thermoelektrische Eigenschaften. Hankel. Ber. 1881. p. 65. Abh. Bd. XII. (1882). p. 551.
Querschwingungen. Ueber die Querschwingungen gespannter und nichtgespannter elastischer Stäbe. Seebeck. Abh. Bd. I. (1849). p. 131.
Radien. Ueber die mittleren Radien der Linien, Flächen und Körper. Drobisch. Ber. 1858. p. 124.
—— Zur Theorie der reciproken Radien. Grassmann. Ber. 1877. p. 133.
Radiometer. Ueber das Crookes'sche Radiometer. Hankel. Ber. 1877. p. 67.
Radius Vector. Entwickelung des Products einer Potenz des Radius Vectors mit dem Sinus oder Cosinus eines Vielfachen der wahren Anomalie in Reihen, die nach den Sinussen oder Cosinussen der Vielfachen der wahren, excentrischen oder mittleren Anomalie fortschreiten. Hansen. Ber. 1853. p. 1. Abh. Bd. II. (1858). p. 181. Nachtrag. Ber. 1866. p. 124.
Räder. Theorie der Eingriffe gezahnter Räder in einander. Hanson. Ber. 1866. p. 152.
Räumliche Distanzen. Ueber den Einfluss der Uebung auf das Erkennen räumlicher Distanzen. Volkmann. Ber. 1858. p. 38.
Raum. Vorläufige Mittheilung über die durch Gruppen linearer Transformationen gegebenen regulären Gebietseintheilungen des Raumes. Dyck. Ber. 1883. p. 61.
—— Einige elementare Bemerkungen über den Raum von drei Dimensionen. Drobisch. Ber. 1876. p. 268.
Raumsinn. Ueber den Raumsinn und die Empfindungskreise in der Haut und im Auge. E. H. Weber. Ber. 1852. p. 85.
Rechnungsmethoden. Bericht über die bei der diesjährigen Revision der Leipziger Universitäts-Wittwen- und Waisencasse angewandten Rechnungsmethoden. Drobisch. Ber. 1882. p. 51.
Reciproke Radien. Zur Theorie derselben. Grassmann. Ber. 1877. p. 133.
Reciproke natürliche Zahlen. Ueber die Summen von Potenzen der reciproken natürlichen Zahlen. Schlömilch. Ber. 1877. p. 106.

Recklinghausen'sche Saftkanälchen als die vermeintlichen Wurzeln der Lymphgefässe. Schweigger-Seidel. Ber. 1866. p. 329.

Reflectorische Leistungen. Ueber einen Unterschied in den reflectorischen Leistungen des verlängerten und des Rückenmarkes der Kaninchen. Owsjannikow. Ber. 1874. p. 457.

Reflexe. Die Reflexe eines der sensiblen Nerven auf die motorischen der Blutgefässe. Cyon und Ludwig. Ber. 1866. p. 307.

Reflexion des Lichtes. Ueber farbige Reflexion des Lichtes von mattgeschliffenen Flächen bei und nach dem Eintritt einer spiegelnen Zurückwerfung. Hankel. Ber. 1856. p. 163.

Reflexmechanismus. Vorarbeit für die Erforschung des Reflexmechanismus im Lendenmarke des Frosches. Sanders-Ezn. Ber. 1867. p. 1.

Regenmenge. Ueber die Regenmenge zu Freiberg. Reich. Ber. 1852. p. 15.

Reihen. Ueber ein allgemeines Princip der Reihenentwickelungen. Schlömilch. Ber. 1857. p. 11.

—— Ueber einige allgemeine Reihenentwickelungen und deren Anwendung auf die elliptischen Functionen. Schlömilch. Abh. Bd. II. (1854). p. 395.

—— Ueber Reihenentwickelungen für gewisse hyperelliptische Integrale. Schlömilch. Ber. 1882. p. 1.

—— Entwickelung des Products einer Potenz des Radius Vectors mit dem Sinus oder Cosinus eines vielfachen der wahren Anomalie in Reihen, die nach den Sinussen oder Cosinussen der Vielfachen der wahren, excentrischen oder mittleren Anomalie fortschreiten. Hansen. Ber. 1853. p. 1. Abh. Bd. II. (1853). p. 181. Nachtrag. Ber. 1866. p. 124.

—— Ueber bedingt-convergirende Reihen. Schlömilch. Ber. 1872. p. 327.

—— Ueber zwei von G. Cantor und P. du Bois-Reymond über die trigonometrischen Reihen aufgestellte Sätze, und deren Uebertragung auf solche Reihen, die nach Kugelfunctionen fortschreiten. Neumann. Ber. 1881. p. 1. 1883. p. 18.

—— Neue Theoreme über unendliche Reihen. Schlömilch. Ber. 1854. p. 127.

—— Ueber einige unendliche Reihen. Schlömilch. Ber. 1877. p. 101.

—— Ueber eine Transformation unendlicher Reihen. Schlömilch. Ber. 1861. p. 120.

—— Ueber die Transformation von Reihen in Kettenbrüche. H. Hankel. Ber. 1862. p. 17.

Reizbarkeit. Versuche über Muskelreizbarkeit. Volkmann. Ber. 1856. p. 1.

—— Beitrag zur Lehre von der Muskelreizbarkeit. Funke. Ber. 1859. p. 257.

—— Ueber die Eigenthümlichkeiten der Reizbarkeit, welche die Muskelfasern des Herzens zeigen. Bowditch. Ber. 1871. p. 652.

—— Ein neuer Beweis für die Reizbarkeit der centripetalen Fasern des Rückenmarkes. Dittmar. Ber. 1870. p. 18.

Reizung. Untersuchung der Wirkungen, welche die magneto-elektrische

Reizung der Blutgefässe bei lebenden Thieren hervorbringt. E. H. Weber. Ber. 1846. p. 94.

Reizung. Die Reizung der Hautnerven durch verdünnte Schwefelsäure. Baxt. Ber. 1871. p. 309.

Reizversuche. Ueber die Verwendung der Holtz'schen Maschine zu physiologischen Reizversuchen. v. Frey und E. Wiedemann. Ber. 1883. p. 181.

Respiratorischer Gasaustausch bei grossen Temperaturänderungen. Sanders-Ezn. Ber. 1867. p. 58.

—— —— Aenderung desselben durch Zufügung verbrennlicher Moleküle zum kreisenden Blute. Scheremetjewski. Ber. 1868. p. 154.

Reversionsfernrohr. Ueber das spectroskopische Reversionsfernrohr. Zöllner. Ber. 1872. p. 129.

Reversionspendel. Ueber die Construction des Bohnenberger'schen Reversionspendels zur Bestimmung der Pendellänge für eine bestimmte Schwingungsdauer im Verhältniss zu einem gegebenen Längenmaass. W. Weber. Ber. 1883. p. 7.

Reversionsspectroskop. Ueber die spectroskopische Beobachtung der Rotation der Sonne und ein neues Reversionsspectroskop. Zöllner. Ber. 1871. p. 300.

Rolle. Versuch zur Bestimmung der Gesammtspannung und des Verlaufs der Spannung am freien Ende der abgeleiteten secundären Rolle. Fuchs. Ber. 1374. p. 56.

Rollende Bewegung. Ueber die rollende Bewegung eines Körpers auf einer gegebenen horizontalen Ebene unter dem Einfluss der Schwere. Neumann. Ber. 1885. p. 352.

Rotation. Ueber die Rotation eines starren Körpers. Bruns. Ber. 1885. p. 55.

—— Ueber die spectroskopische Beobachtung der Rotation der Sonne. Zöllner. Ber. 1871. p. 300.

—— Ueber das Rotationsgesetz der Sonne und der Planeten. Zöllner. Ber. 1874. p. 49.

Rotationskörper. Ueber die Bestimmung der Massen und der Trägheitsmomente symmetrischer Rotationskörper von ungleichförmiger Dichtigkeit. Schlömilch. Abh. Bd. II. (1854). p. 377.

Rückenmark. Ueber einen Unterschied in den reflectorischen Leistungen des verlängerten und des Rückenmarkes der Kaninchen. Owsjannikow. Ber. 1874. p. 457.

—— Zur Frage der sensiblen Leitung im Rückenmark. Miescher. Ber. 1870. p. 404.

—— Beitrag zur Frage der sensiblen Leitung im Rückenmark. Nawrocki. Ber. 1871. p. 585.

—— Ueber die Wurzeln, durch welche das Rückenmark die Gefässnerven für die Vorderpfote aussendet. Cyon. Ber. 1868. p. 73.

—— Ueber den Einfluss der hinteren Nervenwurzeln des Rückenmarkes auf die Erregbarkeit der vorderen. Cyon. Ber. 1865. p. 85.

—— Ein neuer Beweis für die Reizbarkeit der centripetalen Fasern des Rückenmarkes. Dittmar. Ber. 1870. p. 18.

Sachsen. Ueber die im Königreiche Sachsen möglicherweise noch aufzufindenden Steinkohlen. Naumann. Ber. 1848. p. 106.

Sachsen. Die obere Zechsteinformation im Königreich Sachsen. Credner. Ber. 1885. p. 189.
Säuren. Ueber die Bindungsverhältnisse der Basen und Säuren. G. Wiedemann. Ber. 1873. p. 371.
Saft der Pflanzen. Ueber das Steigen desselben. Hofmeister. Ber. 1857. p. 449.
Saftkanälchen, Recklinghausen'sche als die vermeintlichen Wurzeln der Lymphgefässe. Schweigger-Seidel. Ber. 1866. p. 329.
Saiten. Ueber die Töne steifer Saiten. Seebeck. Ber. 1847. p. 365.
Salicylsäure. Ueber eine neue Darstellungsmethode und einige bemerkenswerthe Eigenschaften der Salicylsäure. Kolbe. Ber. 1874. p. 26.
Salpetrige Säure. Beiträge zur Kenntniss der Untersalpetersäure und salpetrigen Säure. Hasenbach. Ber. 1871. p. 259.
Salvinia. Ueber die Keimung der Salvinia natans. Hofmeister. Abh. Bd. III. (1857). p. 665.
Salze. Ueber Elektricitätserregung zwischen Metallen und erhitzten Salzen. Hankel. Ber. 1857. p. 187. Abh. Bd. IV. (1858). p. 253.
Salzlösungen. Ueber das elektrische Verhalten der in Wasser oder Salzlösungen getauchten Metalle bei Bestrahlung durch Sonnen- oder Lampenlicht. Hankel. Ber. 1875. p. 299.
Samen. Ueber die zu Gallerte aufquellenden Zellen der Aussenfläche von Samen und Perikarpien. Hofmeister. Ber. 1858. p. 18.
Samenaschen. Ueber Samenaschen und deren Analyse. Erdmann. Ber. 1846. p. 83.
Sauerstoff. Ueber die Spannung des Sauerstoffs der Blutscheiben. W. Müller. Ber. 1870. p. 354.
—— Welcher Bestandtheil des Erstickungsblutes vermag den diffundirbaren Sauerstoff zu binden? Afonassiew. Ber. 1872. p. 253.
Saug- und Druckapparat. Ueber einen Saug- und Druckapparat an den Fascien des Oberschenkels des Menschen, durch welchen das Blut bei Bewegungen des Oberschenkels in den in die Bauchhöhle übergehenden Stamm der Schenkelvene gehoben und nach der Vena cava inferior zu fortbewegt wird. Braune. Ber. 1870. p. 261.
Schädel. Ueber einen seltenen und merkwürdigen Fall einer krankhaften Verbildung mehrerer Suturen des Schädels. Carus. Ber. 1848. p. 116.
Scheintod. Ueber ein sehr einfaches Verfahren, durch welches man schon sechs Stunden nach dem Tode den wirklichen Tod vom Scheintode unterscheiden kann. E. H. Weber. Ber. 1854. p. 68.
Schleifenschicht. Untersuchungen über die Schleifenschicht. v. Bechterew. Ber. 1885. p. 241.
Schlossenbildung. Ueber Schlossenbildung. Ein Beitrag zur Meteorologie. Carus. Ber. 1853. p. 133.
Schooten. Ueber eine Aufgabe Schooten's. Drobisch. Ber. 1851. p. 124.
Schuldentilgung. Ueber die Theorie der Schuldentilgung. Drobisch. Ber. 1848. p. 1.
Schwefel. Ueber das Verhältniss der mit dem Eiweiss verzehrten zu

der durch die Galle ausgeschiedenen Schwefelmenge. Kunkel. Ber. 1875. p. 232.

Schwefelsäure. Ueber die mechanische Energie der Schwefelsäure. Neumann. Ber. 1869. p. 213.

Schwerkraft. Ueber die durch die Schwerkraft bestimmten Richtungen von Pflanzentheilen. Hofmeister. Ber. 1860. p. 175.

Schwerpunkt. Bestimmung des Schwerpunkts eines beliebigen sphärischen Dreiecks. Hansen. Ber. 1870. p. 71.

Schwerspath. Thermoelektrische Eigenschaften. Hankel. Abh. Bd. X. (1872). p. 271.

Schwingungen. Ueber die Schwingungen gespannter und nicht gespannter Stäbe. Seebeck. Ber. 1847. p. 159.
—— Ueber die Querschwingungen elastischer Stäbe. Seebeck. Abh. Bd. I. (1849). p. 131.
—— Ueber eine directe Umwandlung der Schwingungen der strahlenden Wärme in Elektricität. Hankel. Ber. 1880. p. 65.
—— Ueber elastische Schwingungen. J. J. Müller. Ber. 1870. p. 1.
—— Elektrodynamische Maassbestimmungen, insbesondere über elektrische Schwingungen. W. Weber. Ber. 1863. p. 10. Abh. Bd. VI. (1864). p. 571.

Sechseck. Verallgemeinerung des Pascal'schen Theorems, das in einen Kegelschnitt beschriebene Sechseck betreffend. Möbius. Ber. 1847. p. 170.

Sectoren der Kegelschnitte. Ueber einen Satz Leibnizens von den Sectoren der Kegelschnitte. Baltzer. Ber. 1855. p. 62. Möbius. Ber. 1856. p. 19.

Seehund. Einige Bemerkungen über den Bau des Seehundes, phoca vitulina, und namentlich auch über die Einrichtungen, die sich auf die Erhaltung und Erzeugung der hohen Temperatur des im kalten Wasser lebenden Thieres und auf den Gebrauch der Augen in der Luft und im Wasser beziehen. E. H. Weber. Ber. 1850. p. 108.

Sehen. Ueber einige Verhältnisse des binocularen Sehens. Fechner. Abh. Bd. V. (1860). p. 337.
—— Das Tachistoskop, ein Instrument, welches bei Untersuchung des momentanen Sehens den Gebrauch des elektrischen Funkens ersetzt. Volkmann. Ber. 1859. p. 90.

Seitenknospen. Ueber die Seitenknospen bei Farnen. Mettenius. Abh. Bd. V. (1860). p. 609.

Sensible und motorische Bahnen. Verlauf derselben durch das Lendenmark des Kaninchens. Woroschiloff. Ber. 1874. p. 248.

Sensible Leitung im Rückenmark. Zur Frage derselben. Miescher. Ber. 1870. p. 404.

Sensible Nerven. Die Reflexe eines der sensiblen Nerven des Herzens auf die motorischen der Blutgefässe. Cyon und Ludwig. Ber. 1866. p. 307.

Siebröhren. Studien über die Siebröhren der Dicotylenblätter. A. Fischer. Ber. 1885. p. 245.

Sigillariostrobus. Ueber Sigillariostrobus. Schenk. Ber. 1885. p. 127.

Silicate. Zur Analyse der Silicate. Knop. Ber. 1882. p. 33.
Skeletmuskeln. Die Aufnahme der Lymphe durch die Sehnen und Fascien der Skeletmuskeln. Genersich. Ber. 1870. p. 142.
Skolezit. Thermoelektrische Eigenschaften. Hankel. Ber. 1878. p. 37. Abh. Bd. XII. (1878). p. 33.
Smegma praeputii des Pferdes. Ueber das chemische Verhalten desselben. Lehmann. Ber. 1848. p. 200.
Sonne. Ueber die elektrische und magnetische Fernewirkung der Sonne. Zöllner. Ber. 1872. p. 116.
—— Ueber die spectroskopische Beobachtung der Rotation der Sonne. Zöllner. Ber. 1871. p. 300.
—— Ueber das Rotationsgesetz der Sonne und der grossen Planeten. Zöllner. Ber. 1871. p. 49.
—— Ueber die Temperatur und physische Beschaffenheit der Sonne. Zöllner. Ber. 1870. p. 103. 1873. p. 158.
—— Ueber die Absorption der chemisch wirksamen Strahlen in der Atmosphäre der Sonne. Vogel. Ber. 1872. p. 135.
—— Messungen über die Absorption der chemischen Strahlen des Sonnenlichts. Hankel. Abh. Bd. VI. (1862). p. 53.
—— Ueber die Sonnenwärme. v. Lindenau. Ber. 1847. p. 234.
—— Ueber die ungleiche Wärmevertheilung auf der Sonne. d'Arrest. Ber. 1853. p. 79.
Sonnenfinsterniss. Angabe einer wesentlichen Abkürzung der Berechnung einer Sonnenfinsterniss. Hansen. Ber. 1857. p. 73.
—— Theorie der Sonnenfinsternisse und verwandten Erscheinungen. Hansen. Abh. Bd. IV. (1858). p. 303.
—— Ueber die totale in Syrien beobachtete Sonnenfinsterniss im Jahre 812 n. Chr. d'Arrest. Ber. 1850. p. 63.
—— Bericht über die Beobachtung der totalen Sonnenfinsterniss zu Königsberg in Preussen am 28. Juli 1851. d'Arrest. Ber. 1851. p. 86.
—— Beobachtung der totalen Sonnenfinsterniss am 18. Juli 1860 in Tarazona in Spanien. Bruhns. Ber. 1860. p. 214.
Sonnenflecke. Ueber den Aggregatzustand der Sonnenflecken. Zöllner. Ber. 1873. p. 505.
—— Ueber die Periodicität und heliographische Verbreitung der Sonnenflecken. Zöllner. Ber. 1870. p. 338.
Sonnenparallaxe. Bestimmung der Sonnenparallaxe durch Venusvorübergänge vor der Sonnenscheibe mit besonderer Berücksichtigung des im Jahre 1874 eintreffenden Vorüberganges. Hansen. Abh. Bd. IX. (1870). p. 455.
Sonnentafeln. Zusatz zu den Sonnentafeln von P. A. Hansen und C. F. R. Olufsen. Hansen. Ber. 1857. p. 5.
Spannung. Versuch zur Bestimmung der Gesammtspannung und des Verlaufes der Spannung am freien Ende der abgeleiteten secundären Rolle. Fuchs. Ber. 1874. p. 56.
—— Ueber die Spannung des Sauerstoffs der Blutscheiben. W. Müller. Ber. 1870. p. 351.
Spectralanalyse. Beiträge zur Spectralanalyse der Gestirne. Zöllner. Ber. 1869. p. 70.

Spectralanalyse. Resultate spectralanalytischer Untersuchungen an Gestirnen. Vogel. Ber. 1871. p. 635.
Spectroskop. Ueber ein neues Spectroskop. Zöllner. Ber. 1869. p. 70.
—— Ueber ein Spectroskop zur Beobachtung lichtschwacher Sterne und einige damit ausgeführte Beobachtungen. Vogel. Ber. 1873. p. 538.
—— Ueber ein einfaches Ocularspectroskop für Sterne. Zöllner. Ber. 1874. p. 24.
—— Ueber ein neues Reversionsspectroskop. Zöllner. Ber. 1871. p. 300.
Spectrum. Ueber den Einfluss der Dichtigkeit und Temperatur auf die Spectra glühender Gase. Zöllner. Ber. 1870. p. 233.
—— Ueber die Wellenlängen und Oscillationszahlen der farbigen Strahlen im Spectrum. Drobisch. Ber. 1852. p. 57.
—— Ueber das Spectrum des Nordlichtes. Zöllner. Ber. 1870. p. 254.
—— Untersuchungen über das Spectrum des Nordlichtes. Vogel. Ber. 1871. p. 285.
Speichel. Von den Folgen des beschleunigten Blutstroms für die Absonderung des Speichels. Giannuzzi. Ber. 1865. p. 68.
Speisesaft. Ueber den Mechanismus der Einsaugung des Speisesaftes beim Menschen und bei einigen Thieren. E. H. Weber. Ber. 1847. p. 245.
Sphärisches Dreieck. Note über conforme Abbildung gewisser sphärischer Dreiecke durch algebraische Functionen. O. Fischer. Ber. 1884. p. 17.
—— —— Bestimmung des Schwerpunkts eines beliebigen sphärischen Dreiecks. Hansen. Ber. 1870. p. 71.
Sphärische Parabel. Zur Theorie derselben. d'Arrest. Ber. 1853. p. 58.
Sphärische Sätze. d'Arrest. Ber. 1852. p. 34.
Sphärische Trigonometrie. Entwicklung der Grundformeln der sphärischen Trigonometrie in grösstmöglicher Allgemeinheit. Möbius. Ber. 1860. p. 51.
Sphäroidisches Dreieck. Reflexionen über die Reduction der Winkel eines sphäroidischen Dreiecks von kleinen Seiten auf die Winkel des ebenen oder sphärischen Dreiecks von denselben Seiten. Hansen. Ber. 1869. p. 138.
—— —— Supplement zu der »geodätische Untersuchungen« benannten Abhandlung, die Reduction der Winkel eines sphäroidischen Dreiecks betreffend. Hansen. Abh. Bd. IX. (1869). p. 289.
Spirale. Messungen über die Grösse der Kraft, welche zwischen einer elektrischen Spirale und einem in ihrer Axe befindlichen Eisenkerne in der Richtung dieser Axe wirkt. Hankel. Ber. 1850. p. 73.
—— Ueber die innere Spirale von Ammonites Ramsaueri. Naumann. Ber. 1864. p. 21.
—— Ueber die logarithmische Spirale von Nautilus Pompilius und Ammonites galeatus. Naumann. Ber. 1848. p. 26.
—— Ueber die cyclocentrische Conchospirale und über das Windungsgesetz von Planorbis corneus. Naumann. Ber. 1847. p. 164. Abh. Bd. I. (1849). p. 169.

Stäbe. Ueber die Schwingungen gespannter und nicht gespannter Stäbe. Seebeck. Ber. 1847. p. 159.
— — Ueber die Querschwingungen elastischer Stäbe. Seebeck. Abh. Bd. I. (1849). p. 431.
Stanniol. Ueber die Durchbohrung des Stanniols durch den Entladungsschlag der elektrischen Batterie. Hankel. Ber. 1865. p. 93.
Steinkohlen. Ueber die im Königreiche Sachsen möglicherweise noch aufzufindenden Steinkohlen. Naumann. Ber. 1848. p. 106.
Stereometrische Analoga zum Fagnano'schen Satze. Schlömilch. Ber. 1871. p. 13.
Sterne. Resultate spectralanalytischer Untersuchungen an Gestirnen. Zöllner. Ber. 1871. p. 635.
— — Ueber ein neues Spectroskop nebst Beiträgen zur Spectralanalyse der Gestirne. Zöllner. Ber. 1869. p. 70.
— — Ueber ein Spectroskop zur Beobachtung lichtschwacher Sterne und einige damit ausgeführte Beobachtungen. Vogel. Ber. 1873. p. 538.
Sterngrössen. Ueber ein wichtiges psychophysisches Grundgesetz und dessen Beziehung zur Schätzung der Sterngrössen. Fechner. Abh. Bd. IV. (1858). p. 455. Nachtrag. Ber. 1859. p. 58.
Sternhaufen. Resultate aus Beobachtungen der Nebelflecken und Sternhaufen. d'Arrest. Erste Reihe. Abh. Bd. III. (1856). p. 293.
Sternschnuppen. Ueber den Zusammenhang von Sternschnuppen und Cometen. Zöllner. Ber. 1872. p. 310.
Sternwarte. Ueber die Einrichtung der neuen herzoglichen Sternwarte zu Gotha. Hansen. Ber. 1859. p. 241.
— — s. auch Leipzig.
Stetigkeit. Ueber den Begriff des Stetigen und seine Beziehungen zum Calcul. Drobisch. Ber. 1853. p. 155.
— — Ueber eine neue und einfache Methode zur Untersuchung der Stetigkeit, respective Unstetigkeit mehrdeutiger Functionen. Neumann. Ber. 1883. p. 85.
Stickstoff. Methode zur Bestimmung des Stickstoffs in Ammoniak- und Hornstoffverbindungen. Knop. Ber. 1870. p. 11.
Störungen. Ueber die Störungen der Egeria und der Flora. Hansen. Ber. 1855. p. 44.
— — Rechtfertigung der Berechnung der Flora-Störungen in Beziehung auf eine Mittheilung von P. A. Hansen. Encke. Ber. 1855. p. 66.
— — Beantwortung des Vorstehenden. Hansen. Ber. 1855. p. 71.
— — Darlegung der theoretischen Berechnung der in den Mondtafeln angewandten Störungen. Hansen. I. Abh. Bd. VI. (1862). p. 91. II. Abh. Bd. VII. (1864). p. 1.
— — der kleinen und der grossen Planeten s. Planeten.
Strahlen. Ueber die Absorption der chemisch wirksamen Strahlen in der Atmosphäre der Sonne. Vogel. Ber. 1872. p. 135.
— — Messungen über die Absorption der chemischen Strahlen des Sonnenlichts. Hankel. Abh. Bd. VI. (1862). p. 53.
— — Ueber die Wellenlängen und Oscillationszahlen der farbigen Strahlen im Spectrum. Drobisch. Ber. 1852. p. 57.
— — Ueber Interferenz der Wärmestrahlen. Seebeck. Ber. 1848. p. 182.

Strahlenbündel. Ueber die Brechung eines unendlich dünnen regulären Strahlenbündels. Neumann. Ber. 1880. p. 42.
—— Geometrische Entwickelung der Eigenschaften unendlich dünner Strahlenbündel. Möbius. Ber. 1862. p. 1.
Strandhafer. s. Psamma arenaria.
Ströme. Ueber die durch strömendes Wasser erzeugten elektrischen Ströme. Zöllner. Ber. 1872. p. 317.
—— Bemerkungen zu Neumann's Theorie inducirter Ströme. W. Weber. Ber. 1849. p. 1.
—— Vorläufige Conjectur über die Ursachen der thermoelektrischen Ströme. Neumann. Ber. 1872. p. 49.
Stromintensität. Elektrodynamische Maassbestimmungen, insbesondere Zurückführung der Stromintensitäts-Messungen auf mechanisches Maass. Kohlrausch und W. Weber. Ber. 1855. p. 55. (Vorwort.) Abh. Bd III. (1856). p. 219.
Stromtheilung. Ueber eine eigenthümliche Stromtheilung bei Entladung der Leidner Batterie. Feddersen. Ber. 1864. p. 114.
Stromverzweigung. Ueber die Theorie der Stromverzweigung bei der oscillatorischen elektrischen Entladung und die »äquivalente Länge« Knochenhauers. Feddersen. Ber. 1866. p. 234.
Strontianit. Thermoelektrische Eigenschaften. Hankel. Ber. 1881. p. 67. Abh. Bd. XII. (1882). p. 570.
Strychnin. Zur Kenntniss der Wirkung desselben. Funke. Ber. 1859. p. 23.
Summen. Relationen einestheils zwischen Summen und Differenzen und anderntheils zwischen Integralen und Differentialen. Hansen. Abh. Bd. VII. (1865). p. 505.
—— Ueber die Summen von Potenzen der reciproken natürlichen Zahlen. Schlömilch. Ber. 1877. p. 106.
Summenformel. Zur Theorie der Maclaurin'schen Summenformel. Scheibner. Ber. 1857. p. 190.
Suturen des Schädels. Ueber einen seltenen und merkwürdigen Fall einer krankhaften Verbildung mehrerer Suturen des Schädels. Carus. Ber. 1848. p. 116.
Symmetrie. Ueber das Gesetz der Symmetrie der Krystalle und die Anwendung dieses Gesetzes auf die Eintheilung der Krystalle in Systeme. Möbius. Ber. 1849. p. 65.
Symmetrische Figuren. Ueber symmetrische Figuren. Möbius. Ber. 1851. p. 49.
Sympathische Gefässnerven. Ueber die Abhängigkeit der mittleren Strömung des Blutes von dem Erregungsgrade der sympathischen Gefässnerven. Slavjansky. Ber. 1873. p. 665.
Tachistoskop. Das Tachistoskop, ein Instrument, welches bei Untersuchung des momentanen Sehens den Gebrauch des elektrischen Funkens ersetzt. Volkmann. Ber. 1859. p. 90.
Tafeln. Ecliptische Tafeln für die Conjunctionen des Mondes und der Sonne, nebst Angabe einer wesentlichen Abkürzung der Berechnung einer Sonnenfinsterniss. Hansen. Ber. 1857. p. 75.
—— Analyse der ecliptischen Tafeln. Hansen. Ber. 1863. p. 143.

Tafeln. s. auch Sonnentafeln u. Mondtafeln.
Tarazona. Beobachtung der totalen Sonnenfinsterniss am 18. Juli 1860 in Tarazona in Spanien. Bruhns. Ber. 1860. p. 214.
Tastorgane. Ueber die Tastorgane als die allein fähigen uns die Empfindungen von Wärme, Kälte und Druck zu verschaffen. E. H. Weber. Ber. 1847. p. 358.
Tautozonale Krystallflächen. Ueber die Rationalität der Tangentenverhältnisse tautozonaler Krystallflächen. Naumann. Abh. Bd. II. (1855). p. 505.
Taylor. Ueber den verallgemeinerten Taylor'schen Satz. Schlömilch. Ber. 1879. p. 27.
—— Ueber die phoronomische Deutung des Taylor'schen Theorems. Möbius. Ber. 1846. p. 79.
Testiculorum descensus bei dem Menschen und bei einigen Säugethieren. E. H. Weber. Ber. 1847. p. 247.
Tetraeder. Ueber den Ausdruck des Tetraeders durch die Coordinaten der Eckpunkte. Baltzer. Ber. 1870. p. 97.
Theilungsfehler. Von der Bestimmung der Theilungsfehler eines gradlinigen Maassstabes. Hansen. Abh. Bd. X. (1874). p. 525.
Thermoelektricität. Uebersicht über die Lehre von der Thermoelektricität der Krystalle. Hankel. Abh. Bd. X. (1872). p. 343.
Thermo- und Aktinoelektricität des Bergkrystalls. Hankel. Ber. 1883. p. 35.
Thermoelektrische Eigenschaften des Apatits, Brucits, Coelestins, Prehnits, Natroliths, Skolezits, Datoliths und Axinits. Hankel. Ber. 1878. p. 83. Abh. Bd. XII. (1878). p. 1.
—— —— des Aragonites. Hankel. Abh. Bd. X. (1872). p. 343.
—— —— des Bergkrystalles. Hankel. Ber. 1866. Abh. Bd. VIII. (1866). p. 321.
—— —— —— in Beziehung zu den aktino- und piezoelektrischen. Hankel. Ber. 1881. p. 52. Abh. Bd. XII. (1881). p. 457.
—— —— des Boracites. Hankel. Abh. Bd. IV. (1857). p. 149.
—— —— des Gypses, des Diopsides, des Orthoklases, des Albits und des Periklins. Hankel. Ber. 1875. p. 181. Abh. Bd. XI. (1875). p. 477.
—— —— des Helvins, Mellits, Pyromorphits, Mimetesits, Phenakits, Pennins, Dioptases, Strontianits, Witherits, Cerussits, Euklases und Titanits. Hankel. Ber. 1881. p. 64. Abh. Bd. XII. (1882). p. 549.
—— —— des Kalkspathes, des Berylles, des Idokrases (Vesuvianes) und des Apophyllites (Ichthyophthalmes). Hankel. Ber. 1874. p. 465. Abh. Bd. XI. (1875). p. 201.
—— —— des Schwerspathes. Hankel. Abh. Bd. X. (1872). p. 271.
—— —— des Topases. Hankel. Abh. Bd. IX. (1870). p. 357.
Thermo- und photoelektrische Eigenschaften des Flussspathes. Hankel. Ber. 1879. p. 45. Abh. Bd. XII. (1879). p. 201.
Thermoelektrische Ströme. Vorläufige Conjectur über die Ursachen der thermoelektrischen Ströme. Neumann. Ber. 1872. p. 49.
Thetafunctionen. Ueber das Verschwinden der Thetafunctionen. Neumann. Ber. 1883. p. 99.

Thierischer Körper. Ueber das Auftreten und die Ermittelung des Arseniks in demselben. Marchand. Ber. 1849. p. 86.
Thymusanlage. Notiz über die primäre Thymusanlage. His. Ber. 1885. p. 126.
Tiefendimension. Ueber den Einfluss der Raddrehung der Augen auf die Wahrnehmung der Tiefendimension. J. J. Müller. Ber. 1871. p. 125.
Tinea pellionella. Ueber Erzeugung und Ausscheidung von zweifach harnsaurem Ammoniak durch die Larve der Kleidermotte. Knop. Ber. 1884. p. 9.
Titanit. Thermoelektrische Eigenschaften. Ber. 1884. p. 69. Abh. Bd. XII. (1882). p. 579.
Tod. Ueber ein sehr einfaches Verfahren, durch welches man schon sechs Stunden nach dem Tode den wirklichen Tod vom Scheintode unterscheiden kann. E. H. Weber. Ber. 1854. p. 68.
Töne. Ueber musikalische Tonbestimmung und Temperatur. Drobisch. Abh. Bd. II. (1852). p. 1.
—— Nachträge zur Theorie der musikalischen Tonverhältnisse. Drobisch. Abh. Bd. III. 1855. p. 1.
—— Ueber reine Stimmung und Temperatur der Töne. Drobisch. Ber. 1877. p. 1.
—— Ueber die Töne steifer Saiten. Seebeck. Ber. 1847. p. 365.
Tonempfindungen. Ueber die Tonempfindungen. J. J. Müller. Ber. 1871. p. 113.
Topas. Thermoelektrische Eigenschaften. Hankel. Abh. Bd. IX. (1870). p. 357.
Tradescantia zebrina. Ueber die Zähigkeit des Lebens der Tradescantia zebrina. Erdmann. Ber. 1854. p. 18.
Trägheitsmomente. Ueber die Bestimmung der Massen und der Trägheitsmomente symmetrischer Rotationskörper von ungleichförmiger Dichtigkeit. Schlömilch. Abh. Bd. II. (1854). p. 377.
Transformation. Zur Transformation und Theilung der elliptischen Functionen. Morera. Ber. 1885. p. 302.
—— eines bestimmten Integrales. Schlömilch. Ber. 1857. p. 181.
—— Ueber die Transformation von Reihen in Kettenbrüche. W. Hankel. Ber. 1862. p. 17.
—— Ueber eine Transformation unendlicher Reihen. Schlömilch. Ber. 1861. p. 120.
—— Zur algebraischen Transformation der hypergeometrischen Functionen. Papperitz. Ber. 1885. p. 60.
—— Vorläufige Mittheilungen über die durch Gruppen linearer Transformationen gegebenen regulären Gebietseintheilungen des Raumes. Dyck. Ber. 1883. p. 61.
—— Ueber eine Transformationsformel für Doppelintegrale. Schlömilch. Ber. 1884. p. 185.
Transfundirte Eiweissstoffe. Der tägliche Umsatz der verfütterten und der transfundirten Eiweissstoffe. Tschiriew. Ber. 1872. p. 441.
Transversalen. Ueber die Bestimmung der Transversalen zu vier gegebenen Geraden im Raume. Schlömilch. Ber. 1855. p. 39.

Traversellit. Ueber den Traversellit und seine Begleiter — Pyrgom, Epidot, Granat — ein neuer Beitrag zur Beantwortung der plutonischen Frage. Scheerer. Ber. 1858. p. 91.

Trigonometrie. Entwickelung der Grundformeln der sphärischen Trigonometrie in grösstmöglicher Allgemeinheit. Möbius. Ber. 1860. p. 51.

Trigonometrische Reihen. Ueber zwei von G. Cantor und P. du Bois-Reymond über die trigonometrischen Reihen aufgestellte Sätze, und deren Uebertragung auf solche Reihen, die nach Kugelfunctionen fortschreiten. Neumann. Ber. 1881. p. 1. 1883. p. 18.

Trommelhöhle. Zur Physiologie und Anatomie des Blutstroms in der Trommelhöhle. Prussak. Ber. 1868. p. 101.

Tuber aestivum Vittad. Ueber die Entwickelung der Sporen von Tuber aestivum. Hofmeister. Ber. 1859. p. 111.

Turmalin. Versuch einer neuen Interpretation der Turmalin-Analysen. Naumann. Ber. 1852. p. 4.

Tyrosin. Ueber die Oxydation von Glycocoll, Leucin und Tyrosin, sowie über das Vorkommen der Carbaminsäure im Blute. Drechsel. Ber. 1875. p. 172.

Uebermangansaures Kali. Ueber das von demselben reflectirte Licht. E. Wiedemann. Ber. 1873. p. 367.

—— —— Ueber die Zersetzung des Eiweisses unter der Einwirkung des übermangansauren Kalis. Tappeiner. Ber. 1871. p. 171.

Uebung. Ueber den Einfluss der Uebung auf das Erkennen der räumlichen Distanzen. Volkmann. Ber. 1858. p. 38.

—— Beobachtungen, welche zu beweisen scheinen, dass durch die Uebung der Glieder der einen Seite die der andern zugleich mit geübt werden. Fechner. Ber. 1858. p. 70.

—— Ueber den Gang der Muskelübung. Fechner. Ber. 1857. p. 113.

Unendliche Reihen. Ueber einige unendliche Reihen. Schlömilch. Ber. 1877. p. 101.

—— —— Neue Theoreme über unendliche Reihen. Schlömilch. Ber. 1854. p. 127.

—— —— Ueber eine Transformation unendlicher Reihen. Schlömilch. Ber. 1861. p. 120.

Unitarische Anschauungsweise. Das Weber'sche Gesetz bei Zugrundelegung der unitarischen Anschauungsweise. Neumann. Abh. Bd. XI. (1876). p. 624.

Untersalpetersäure. Beiträge zur Kenntniss der Untersalpetersäure und der salpetrigen Säure. Hasenbach. Ber. 1871. p. 259.

Urari. Beiträge zur Kenntniss der Wirkung des Urari und einiger anderer Gifte. Funke. Ber. 1859. p. 1.

Variabelen. Ueber die Entwickelung von Functionen complexer Variabelen in Facultätenreihen. Schlömilch. Ber. 1863. p. 58.

Variationsrechnung. Ueber das allgemeinste Problem der Variationsrechnung bei einer einzigen unabhängigen Variabeln. Mayer. Ber. 1878. p. 16.

—— Ueber die Bedeutung der Begriffe »Maximum und Minimum« in der Variationsrechnung. Scheeffer. Ber. 1885. p. 92.

Variationsrechnung. Begründung der Lagrange'schen Multiplicatorenmethode in der Variationsrechnung. Mayer. Ber. 1885. p. 7.
Variolite. Die Structur der Variolite. Zirkel. Ber. 1875. p. 209.
Venen. Ueber die Intercostalvenen des menschlichen Körpers. Braune. Ber. 1883. p. 76.
Venusvorübergänge vor der Sonne. Ueber die Anwendung von Lichtbildern zur Beobachtung der Venusvorübergänge vor der Sonne. Hansen. Ber. 1872. p. 65. 172.
—— —— —— —— Bestimmung der Sonnenparallaxe durch Venusvorübergänge vor der Sonne mit besonderer Berücksichtigung des im Jahre 1874 eintreffenden Vorüberganges. Hansen. Abh. Bd. IX. (1870). p. 455.
Verdauungsprocess. Ueber einige quantitative Verhältnisse, die den Verdauungsprocess betreffen. Lehmann. 1849. p. 8.
Verrückungen. Ueber den Satz der virtuellen Verrückungen. Neumann. Ber. 1869. p. 257.
—— Ueber das Princip der virtuellen oder facultativen Verrückungen. Neumann. Ber. 1879. p. 53.
Verwandtschaft. Theorie der elementaren Verwandtschaft. Möbius. Ber. 1863. p. 18.
—— Ueber eine neue Verwandtschaft zwischen ebenen Figuren. Möbius. Ber. 1853. p. 14.
—— Die Theorie der Kreisverwandtschaft in rein geometrischer Darstellung. Möbius. Abh. Bd. II. (1855). p. 529.
Vesuvian. Thermoelektrische Eigenschaften. Hankel. Ber. 1874. p. 470. Abh. Bd. XI. (1875). p. 249.
Victoria. Nachricht von der Entdeckung und den ersten Beobachtungen des Planeten Victoria. d'Arrest. Ber. 1850. p. 105.
Viereck. Ueber das vollständige Viereck. Schlömilch. Ber. 1854. p. 4.
Virtuelle Verrückungen. Ueber den Satz der virtuellen Verrückungen. Neumann. Ber. 1869. p. 257.
—— —— Ueber das Princip der virtuellen oder facultativen Verrückungen. Neumann. Ber. 1879. p. 53.
Volkmann. Kritische und experimentelle Widerlegung der von Volkmann gegen die Untersuchungen des Verfassers über die Elasticität der Muskeln aufgestellten Einwürfe und Beobachtungen. E. F. Weber. Ber. 1856. p. 167.
Wärme. Ueber die Tastorgane als die allein fähigen, uns die Empfindungen von Wärme, Kälte und Druck zu verschaffen. E. H. Weber. Ber. 1847. p. 358.
—— Ueber eine directe Umwandlung der Schwingungen der strahlenden Wärme in Elektricität. Hankel. Ber. 1880. p. 65.
—— Ueber Interferenz der Wärmestrahlen. Seebeck. Ber. 1848. p. 182.
—— Ueber die ungleiche Wärmevertheilung auf der Sonne. d'Arrest. Ber. 1853. p. 79.
Wagner's Untersuchung der Moringerbsäure und ihrer Zersetzungsproducte. Mittheilung darüber. Erdmann. Ber. 1851. p. 8.
Wahrnehmung. Ueber den Einfluss der Raddrehung der Augen auf

die Wahrnehmung der Tiefendimension. J. J. Müller. Ber. 1871. p. 125.

Wahrscheinlichkeitsrechnung. Ueber die nach der Wahrscheinlichkeitsrechnung zu erwartende Dauer der Ehen. Drobisch. Ber. 1880. p. 1.

Wasser. Untersuchungen über das Mengenverhältniss des Wassers und der Grundstoffe des menschlichen Körpers. Volkmann. Ber. 1874. p. 202.

—— Ueber die durch strömendes Wasser erzeugten elektrischen Ströme. Zöllner. Ber. 1872. p. 317.

—— Ueber das elektrische Verhalten der in Wasser oder Salzlösungen getauchten Metalle bei Bestrahlung durch Sonnen- oder Lampenlicht. Hankel. Ber. 1875. p. 299.

—— Theorie der durch Wasser oder andere incompressible Flüssigkeiten in elastischen Röhren fortgepflanzten Wellen. W. Weber. Ber. 1866. p. 353.

Weber. Das Weber'sche Gesetz bei Zugrundelegung der unitarischen Anschauungsweise. Neumann. Abh. Bd. XI. (1876). p. 621.

—— Ueber das Weber'sche Gesetz. Neumann. Ber. 1880. p. 35.

—— Ueber das von Weber für die elektrischen Kräfte aufgestellte Gesetz. Neumann. Abh. Bd. XI. (1874). p. 77.

—— Das Weber'sche Gesetz und seine Anwendung auf Gleitstellen. Neumann. Ber. 1875. p. 1.

—— Ueber die Zusammensetzung der nach dem Weber'schen Gesetz sich ergebenden Beschleunigungen. Neumann. Ber. 1878. p. 12.

Wechselwirkung. Elektrodynamische Maassbestimmungen, insbesondere über die Energie der Wechselwirkung. W. Weber. Abh. Bd. XI. (1878). p. 641.

Weingeist. Mikroskopische Beobachtungen sehr gesetzmässiger Beziehungen, welche die Bildung von Niederschlägen harziger Körper aus Weingeist begleiten. E. H. Weber. Ber. 1854. p. 57.

Weingeistflamme. Ueber das Verhalten der Weingeistflamme in elektrischer Beziehung. Hankel. Ber. 1859. p. 30. Abh. Bd. V. (1859). p. 1.

Weiske. Zur Erinnerung an Möbius und seinen Freund Weiske. Baltzer. Ber. 1885. p. 1.

Wellen. Theorie der durch Wasser oder andere incompressible Flüssigkeiten in elastischen Röhren fortgepflanzten Wellen. W. Weber. Ber. 1866. p. 359.

Wellenbewegung. Ueber elektrische Wellenbewegung. Feddersen. Ber. 1859. p. 171.

Wellenlängen. Ueber die Wellenlängen und Oscillationszahlen der farbigen Strahlen im Spectrum. Drobisch. Ber. 1852. p. 57.

Wellenlehre. Ueber die Anwendung der Wellenlehre auf die Lehre vom Kreislauf des Blutes und insbesondere auf die Pulslehre. E. H. Weber. Ber. 1850. p. 164.

Weltkörper. Ueber den Ursprung des Erdmagnetismus und die magnetischen Beziehungen der Weltkörper. Zöllner. Ber. 1871. p. 479.

Widerstandsmessungen. Elektrodynamische Maassbestimmungen. Widerstandsmessungen. W. Weber. Abh. Bd. I. (1854). p. 197.

Wien. Bestimmung der Längendifferenz zwischen Leipzig und Wien. Bruhns und Weiss. Abh. Bd. X. (1872). p. 203.

—— Neue Bestimmung der Längendifferenz zwischen der Sternwarte in Leipzig und der neuen Sternwarte auf der Türkenschanze in Wien. Bruhns. Abh. Bd. XII. (1880). p. 281.

Winden. Zur Mechanik des Windens. Ambronn. Ber. 1884. p. 136. 1885. p. 132.

Windungen. Untersuchungen über die Windungen des kleinen Gehirns. Huschke. Ber. 1853. p. 142.

Windungsgesetz. Ueber die cyclocentrische Conchospirale und über das Windungsgesetz von Planorbis corneus. Naumann. Ber. 1847. p. 164. Abh. Bd. I. (1849). p. 169.

Winkel. Ueber die Reduction der Winkel eines sphäroidischen Dreiecks von kleinen Seiten auf die Winkel des ebenen oder sphärischen Dreiecks von denselben Seiten. Hansen. Ber. 1869. p. 138. Abh. Bd. IX. (1869). p. 289.

Wirbelthiere. Ueber die Vergleichung einiger Theile der Generationsorgane phanerogamer Gewächse mit entsprechenden Theilen bei den Wirbelthieren. E. H. Weber. Ber. 1854. p. 81.

Wismuth. Messungen der Abstossungen des krystallisirten Wismuths durch die Pole eines Magnets mittelst der Drehwage. Hankel. Ber. 1851. p. 99.

Witherit. Thermoelektrische Eigenschaften. Hankel. Ber. 1881. p. 67. Abh. Bd. XII. (1882). p. 572.

Wittwen- und Waisencasse. Bericht über die bei der diesjährigen Revision der Leipziger Universitäts-Wittwen- und Waisencasse angewandten Rechnungsmethoden. Drobisch. Ber. 1882. p. 51.

Wolfsrachen. Seltener Fall eines angeborenen doppelten Wolfsrachens am Schädel eines erwachsenen Individuum. Carus. Ber. 1857. p. 121.

Wolkenbildung. Ueber das Nordlicht in seiner Beziehung zur Wolkenbildung. Zöllner. Ber. 1871. p. 329.

Wurzelgrösse. Ueber die Entwickelung der Wurzelgrösse $(1 - 2\alpha H + \alpha^2)^{-\frac{1}{2}}$ nach den Potenzen von α. Hansen. Ber. 1847. p. 339. Abh. Bd. I. (1849). p. 123.

Wurzeln. Ueber die Wurzeln, durch welche das Rückenmark die Gefässnerven für die Vorderpfote aussendet. Cyon. Ber. 1868. p. 73.

Zahlen. Historische Bemerkungen über grosse Zahlen. Baltzer. Ber. 1865. p. 1.

—— Ueber die Summen von Potenzen der reciproken natürlichen Zahlen. Schlömilch. Ber. 1877. p. 106.

Zechsteinformation. Die obere Zechsteinformation im Königreich Sachsen. Credner. Ber. 1885. p. 189.

Zeiträume. Ueber einen neuen Apparat zur Messung sehr kleiner Zeiträume. Hankel. Ber. 1866. p. 46.

Zellen. Ueber die zu Gallerte aufquellenden Zellen der Aussenfläche von Samen und Pericarpien. Hofmeister. Ber. 1858. p. 18.

Zellhäute. Krystallbildungen beim Gefrieren und Veränderung der

Zellhäute bei dem Aufthauen saftiger Pflanzentheile. Sachs. Ber. 1860. p. 1.

Zion. Ueber eine merkwürdige Structurveränderung des bleihaltigen Zinnes. Erdmann. Ber. 1851. p. 5.

Zodiakallicht. Ueber zwei Tafeln mit Zeichnungen von Mars und dem Zodiakallicht von Weinek. Bruhns. Ber. 1878. p. 14.

Zucker. Untersuchungen über die Constitution des Blutes verschiedener Gefässe und den Zuckergehalt derselben insbesondere. Lehmann. Ber. 1855. p. 87.

Zuckerferment. Ueber Entstehung und Verbreitung des thierischen Zuckerfermentes. Lépine. Ber. 1870. p. 322.

Zuckungshöhe. Ueber den Einfluss einiger willkürlich Veränderlichen auf die Zuckungshöhe des untermaximal gereizten Muskels. Tiegel. Ber. 1875. p. 81.

Zwergfell. Ueber das Centrum tendineum des Zwergfelles. Ludwig und Schweigger-Seidel. Ber. 1866. p. 362.

Zusätze und Berichtigungen
zu den Inhaltsverzeichnissen der Sitzungsberichte.

Jahrgang
1846/47.	Seite IV Zeile 27 lies $(1-2\alpha H+\alpha^2)-\frac{1}{2}$ statt $(1-2\alpha H+a^2)-\frac{1}{4}$.
1848.	Zeile 2 lies Linien 'der dritten Ordnung statt Linien der ersten Gleichung.
1848.	Zeile 18 lies 115 statt 114.
1848.	Zeile 19 lies Carus statt Clarus.
1850.	Zwischen Zeile 8 u. 9 einzuschalten: Derselbe, über den neunzehnten Hauptplaneten Parthenope. 53
1851.	Zwischen Zeile 6 u. 7 einzuschalten: Derselbe, über die Pyromellithsäure. 11
1851.	Zeile 3 v. u. lies 63 statt 64.
1853.	Zwischen Zeile 8 u. 7 v. u. einzuschalten: Derselbe, zur Theorie der sphärischen Parabel. 58
1856.	Zeile 18 lies Gleichungensystems statt Gleichungssystems.
1857.	Zwischen Zeile 4 u. 5 v. u. einzuschalten: Derselbe, Transformation eines bestimmten Integrales. 181
1858.	Zeile 2 v. u. lies Idokrase statt Idiokrase.
1872.	am Schluss hinzuzufügen: Anhang. L. R. Schulze. Elemente des ersten Cometen vom Jahre 1830 mit Berücksichtigung von 319 Beobachtungen.
1883.	Zwischen Zeile 10 u. 11 einzuschalten: Friedrich Schur. Die Lösung eines Paradoxons, welches be der Construction der Flächen n^{ter} Ordnung aus gegebenen Punkten auftritt. 59

Berichtigungen.

S. 13 Z. 19 u. 15 v. u. l. sphäroidischen st. sphärischen.
- 19 - 21 v. o. l. grösster st. zweiter.